Man hat sich bemüht

Helmut G. Schmidt (Hrsg.)

Man hat sich bemüht

Willy Brandt – sein Leben im Spiegel der Karikatur

Mit einem Vorwort von Johannes Rau
und erklärenden Texten von Lothar Schwartz

Mit 182 Karikaturen zeichnen 44 Künstler den politischen Lebensweg Willy Brandts.
Von Berlin über Bonn zurück nach Berlin.

Ein Nachruf
36 entscheidende Jahre für Deutschland: 1957 bis 1992.

ISBN 3-922454-35-6

Umschlaggestaltung: ploog-Kommunikation, Frankfurt am Main
Umschlagzeichnung: Walter Hanel
Gesamtherstellung: Union-Druckerei, Frankfurt am Main

Vorwort von Johannes Rau

Wenn es stimmt, daß ein Bild oft mehr sagt als tausend Worte, dann trifft das wohl erst recht auf die Karikatur zu. Mit ganz wenigen, aber wohlgesetzten Strichen bringt sie das Wesentliche auf den Punkt – und setzt uns ins Bild. Von einem ganz subjektiven Standpunkt aus – der Karikaturist ist aufmerksamer Berichterstatter und Künstler in einem – werden kurz und knapp mit spitzem Stift Personen und Zeitläufe „aufgespießt" und kommentiert. Karikaturen wollen nur selten ausgewogen und gerecht sein, sie wollen vielmehr mit Witz und Humor, mit Übertreibung und Zuspitzung erhellen und erklären – und das kann auch mal wehtun. Die Karikaturisten haben ein besonderes Gespür für die Schwierigkeiten des politischen Geschäfts und für die Schwächen der Politiker, aber ihr Sinn für's Komische hilft meist schnell über den kleinen Schmerz hinweg.

Nur wenige sind so häufig karikiert worden wie Willy Brandt. Das hat natürlich mit der überragenden Bedeutung zu tun, die er für die SPD und die Politik der Bundesrepublik insgesamt gehabt hat. Fast vierzig Jahre lang hat er zu den markanten Köpfen gehört, die der Politik nicht nur Konturen, sondern auch ein Gesicht gegeben haben. Sein Kopf hat bis ins hohe Alter jenes unverwechselbare Profil behalten, das Karikaturisten immer wieder herausgefordert hat. Er selber hat einmal ausdrücklich auf dieses „gütige Schicksal" hingewiesen: „Ich bin der Natur dankbar, daß sie so gnädig war, mir jene Merkmale auf meinem Kopf zu erhalten, die den Karikaturisten ihre Arbeit erleichtern." – Was wohl beweist, daß er für sie und ihren besonderen, oft gepfefferten Humor viel übrig hatte.

Über 180 Blätter aus der Feder von 44 Meistern ihres Fachs sind hier gesammelt worden, ein herrliches Zeitzeugnis, das nicht nur den politischen Lebensweg eines großen Sozialdemokraten mit allen Höhen und Tiefen, allen Rückschlägen und Erfolgen schildert, sondern auch die Geschichte der Bundesrepublik Deutschland von der Mitte der fünfziger Jahre bis heute pointiert nachzeichnet.

Daß es zwei Karikaturen mit dem Brandenburger Tor sind, die den Band eröffnen und beschließen, ist kein Zufall. Wie keine Stadt sonst ist Berlin der Bezugspunkt seines politischen Wirkens gewesen, ob nun als Regierender Bürgermeister oder Außenminister, ob als Kanzler der Entspannungs- und Ostpolitik oder als einer, der nach dem Fall der Mauer wie keiner mitgeholfen hat, daß zusammenwächst, was zusammengehört.

Geplant war dieser Band als Geschenk für Willy Brandt zu seinem 79. Geburtstag am 18. Dezember. Ich bin sicher, daß er ihn mit größtem Vergnügen zur Hand genommen hätte, wenn ihm das noch vergönnt gewesen wäre. Nun ist dieser Band ein kleiner Nachruf auf ihn geworden, ein Nachruf, der sicherlich mithelfen wird, sein Bild in den Herzen der Menschen zu bewahren und sie an das zu erinnern, was er gewesen ist und wofür er Zeit seines Lebens gestanden hat.

Dank des Herausgebers

Ich habe einer Reihe von Personen und Institutionen für ihre Hilfe bei der Beschaffung und Auswahl der Karikaturen zu danken. So haben bei der Zusammenstellung dieses Bandes mitgeholfen: Gertrud Lenz, Referentin für den Nachlaß von Willy Brandt im Archiv der Sozialen Demokratie der Friedrich-Ebert-Stiftung, Prof. Dr. Walter Keim, Leiter der Pressedokumentation im Deutschen Bundestag, Peter Munkelt, Leiter des Archivs beim Parteivorstand der SPD in Bonn, und seine Mitarbeiterinnen. Dank sage ich auch Dr. Eckart Strohmaier und Michael Breuer, die bei der Redaktion geholfen haben, sowie meiner Frau Ingrid, ohne deren Einsatz dieser Band nicht hätte erscheinen können.

Weitere Quellen: die Archive der Frankfurter Allgemeinen Zeitung, des SPIEGEL, des Stern, das cartoon-caricature-center (ccc) in München, die Bayerische Staatsbibliothek sowie das Archiv des Herausgebers.

Burg Sahr/Bonn, 18. Dezember 1992 Helmut G. Schmidt

Die Berliner Jahre
1957–1966

Peter Leger

Am 3. Oktober 1957 wird Willy Brandt zum neuen Regierenden Bürgermeister von Berlin gewählt. Er tritt in die Fußstapfen seines Vorbildes Ernst Reuter und von Otto Suhr. Seit 1950 ist er bereits Mitglied im Berliner Abgeordnetenhaus, ab 1955 dessen Präsident. Seit 1949 vertritt Willy Brandt Berlin im Deutschen Bundestag. Die Karikaturisten sind auf Willy Brandt aufmerksam geworden.

Peter Leger

Die SPD hat Willy Brandt auf ihrem Parteitag in Hannover als Kanzlerkandidaten für die Bundestagswahl 1961 nominiert. Mit dem Rückenwind des 1959 beschlossenen „Godesberger Programms" und dem hohen Sympathiewert des „Regierenden" im Schöneberger Rathaus wollen die Sozialdemokraten als moderne Volkspartei in neue Wählerschichten vorstoßen.

Hanns Erich Köhler *Nach-Appell von Hannover*

Die Präsentation des neuen Hoffnungsträgers wird mit dem „Appell von Hannover" flankiert. Er enthält auch ein klares Ja zur friedlichen Nutzung der Atomenergie. Das reicht den regierenden Unionsparteien nicht aus. Sie bedrängen die „Anti-Atompartei" der 50er Jahre und den frischgebackenen Kanzlerkandidaten der SPD mit der Frage einer atomaren Ausrüstung der Bundeswehr, die im Spottbild Erich Ollenhauer und Herbert Wehner auf ihre Weise lösen.

„Schade, daß uns Adenauer deine Aufnahme mit dem Heiligen Vater vermasselt hat – das hätte noch 'n gutes Wahlplakat gegeben"

1960

Henry Meyer Brockmann

Mister Berlin: „Schöner als ihr is er jedenfalls, und dat is nen sehr jefährlichen Umstand."

Der neue Vormann der SPD sieht aufgrund veränderter internationaler Rahmenbedingungen Chancen für eine veränderte Ostpolitik. Die sozialdemokratische Strategie für einen Machtwechsel in Bonn baut nicht zuletzt auf die positive Kontrastfigur des 47jährigen Willy Brandt zum 84jährigen Konrad Adenauer. Kritisch beäugen Adenauer, Strauß, Schröder und Gerstenmaier den Herausforderer aus Berlin.

Peter Leger

Landauf, landab sucht Willy Brandt im Wahljahr 1961 die Begegnung und das Gespräch mit möglichst vielen Bürgern. Als die beiden Grundpfeiler einer Politik neuen Stils nennt er dabei „die Gemeinsamkeit und den Anstand". Eine Kampagne gegen den Emigranten unehelicher Geburt ist die Antwort aus dem Lager der CDU/CSU. Daran beteiligt sich auch Konrad Adenauer. Mit sicherem Instinkt hat er die mit Willy Brandt heraufziehende Gefahr für das scheinbare Abonnement der CDU/CSU auf die Führungsrolle in der Bundesrepublik erfaßt.

1961

Auf Wahl-ze

Peter Leger *Adenauers Berlinproblem: Brandt, Brandt, Brandt, Brandt*

Am 13. August 1961 wird vom damaligen SED-Generalsekretär und Staatschef der DDR, Walter Ulbricht, der Bau der Mauer befohlen. In den frühen Morgenstunden werden die beiden Teile Berlins voneinander abgeriegelt. Angesichts dieser dritten großen Berlinkrise seit 1948 zeigt sich die Bundesregierung wie gelähmt. Konrad Adenauer ist im Vorfeld der Bundestagswahl am 17. September mit einem anderen „Berlin-Problem" vollauf beschäftigt.

Ernst Maria Lang *Kandidaten*

Zwei Monate nach dem Mauerbau besucht der Regierende Bürgermeister von Berlin New York. Am Abend des 6. Oktober 1961 hält er vor einflußreichen amerikanischen Geschäftsleuten einen Vortrag. Das Ereignis findet in der überregionalen US-Presse ein ungewöhnlich starkes und positives Echo. Der junge US-Präsident John F. Kennedy sucht den Kontakt zu Willy Brandt. Dies inspiriert Journalisten und Karikaturisten zu Ermunterungen für den am 17. September im ersten Anlauf gescheiterten Kanzlerkandidaten der SPD.

1961

Peter Leger

Bundestag und Berliner Abgeordnetenhaus stellen einstimmig fest, daß die Berlinfrage nur im Rahmen einer gesamtdeutschen Regelung gelöst und ein Friedensvertrag nur mit einem wiedervereinigten Deutschland abgeschlossen werden kann. Die Karikatur zeigt Adenauer, Brandt, Mende (FDP) und Ollenhauer (SPD).

1961

Wolfgang Hicks *Festaufführung „My Fair Lady"*

In jugendlicher Eleganz feiert die SPD ihren 100. Geburtstag. Brandts Partner ist nicht mehr der bärtige Alte mit der Ballonmütze, den der Vortänzer der SPD links liegen gelassen hat. Seine SPD ist eine attraktive Fair Lady. Im Hintergrund tanzen Erich Ollenhauer und Herbert Wehner im gleichen Rhythmus, den Willy Brandt vorgegeben hat. Die Enttäuschung der verlorenen Bundestagswahl vom 17. September 1961 ist verflogen. Brandt bereitet den nächsten Griff nach der Macht am Rhein vor. Sein Ziel heißt 1965.

Henry Meyer-Brockmann

Die Bundestagswahlen 1965 werfen ihre Schatten voraus. Konrad Adenauer hat widerwillig den Kanzlersessel geräumt. Bundeswirtschaftsminister Ludwig Erhard (CDU) hat im Oktober 1963 im Palais Schaumburg Einzug gehalten. Die Chancen Willy Brandts gegen den „Dicken mit der Zigarre" werden abgewogen. Eine Synthese aller Spekulationen bietet der Karikaturist mit einem janusköpfigen „Volkskanzler".

Josef Sauer *Des deutschen Wählers Weihnachtsmänner*

Als Zeichen der Annäherung zwischen Unionsparteien und Sozialdemokratie offerieren die als Weihnachtsmänner verkleideten Bundeskanzler Ludwig Erhard und SPD-Vorsitzender Willy Brandt dem staunenden deutschen Michel fast genau die gleichen Versprechungen für das bevorstehende Wahljahr. Die SPD liegt weiter im Aufwind. Eine große Koalition kommt an der Spekulationsbörse im Gespräch.

1964

„Ich bringe Wohlstand für alle!" „Ich bringe für alle Wohlstand!"

Manfred Oesterle

1964

Auf dem zielstrebigen Marsch in die Regierungsverantwortung bemüht sich die nach dem Tod Ollenhauers neu formierte Spitze der SPD auch im Vatikan um ein neues Image. Von Rom zurück bitten sie beim Altvorderen um Nachsicht: „Du lieber Marx, denen wird es stinken, daß wir auf ihren Stammplätzen sitzen!" Die Chef-Christen von der Union stehen und staunen im Hintergrund.

Manfred Oesterle *Die Pflichtträne*

Schwer- und Angelpunkt des politischen Wirkens von Willy Brandt bleibt Berlin. Er handelt im Geist von Ernst Reuter, der die freie Welt beschworen hat: „Schaut auf diese Stadt!" Für Bonner Staatsgäste ist die Begegnung mit dem schändlichsten Bauwerk der Erde unerläßlich. Nach Präsident John F. Kennedy ist auch Queen Elizabeth II. vor Ort. Respektlos vor der Politik und ihren handelnden Personen, wie sich das für die Zunft gehört, läßt der Karikaturist den „Regierenden" die fällige „Pflichtträne" der Queen auffangen.

Henry Meyer-Brockmann *Der doppelte Willy*

Brandts Wechsel vom Schöneberger Rathaus ins Auswärtige Amt wird von den Berlinern mit gemischten Gefühlen begleitet. Stolz und Wehmut, Zweifel und Zuversicht sind mit im Spiel. Trost bietet die Gewißheit, daß sie auf ihren Willy weiter zählen und bauen können. Er nimmt die Erinnerung an seinen größten persönlichen Erfolg mit auf den Weg: Mit gut 75 Prozent der Stimmen hatte er bei der Berliner Wahl im Februar 1963 im Wahlkreis Wedding ein Traumergebnis erreicht. Im Gesamtergebnis kam die SPD auf 62 Prozent.

Regieren in Bonn
1966–1974

Ernst Maria Lang *Die Schöpfung der Großen Koalition – frei nach Michelangelo*

Am 6. November 1966 beschließen die Verhandlungskommissionen von CDU/CSU und SPD die Bildung einer Großen Koalition. Angesichts innenpolitischer Schwierigkeiten wechseln die Unionsparteien mitten im Strom abrupt ihr altes Zugpferd Ludwig Erhard gegen den baden-württembergischen Ministerpräsidenten Kurt-Georg Kiesinger (CDU) aus. Am 1. Dezember wird er zum Bundeskanzler gewählt. Willy Brandt tritt als Außenminister und Vizekanzler ins Kabinett ein.

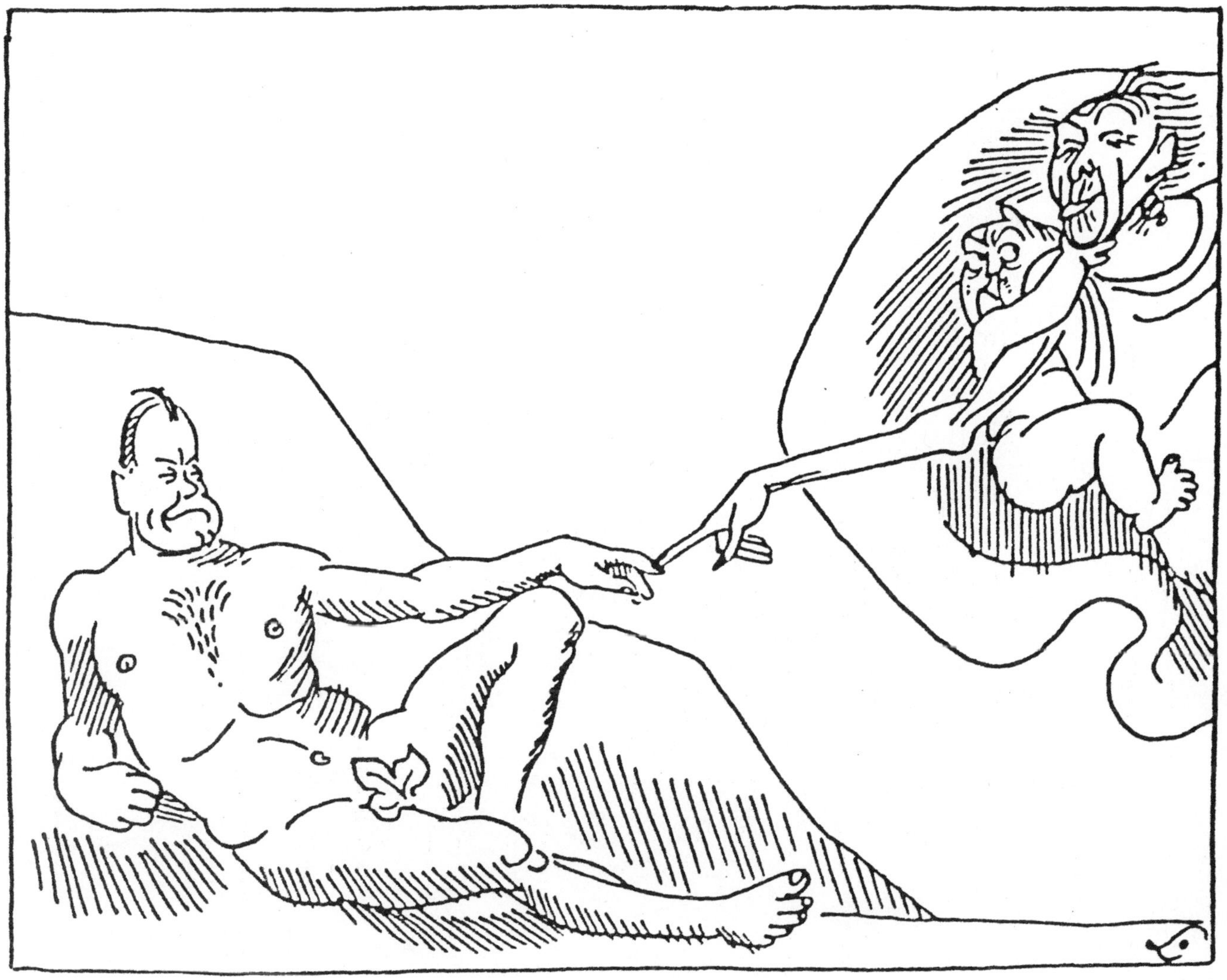

1966

Hanns Erich Köhler *Eintopf: „Es bekommt ihnen anscheinend nicht – sie nehmen immerzu ab?*

Die Große Koalition stößt in der SPD auf Kritik; besonders heftig bei den Jungsozialisten. Nur Willy Brandt findet mit der von ihm initiierten und verantworteten Außenpolitik positive Aufmerksamkeit und zunehmend Anerkennung. Schadenfroh stellen Bundeskanzler Kiesinger und Franz Josef Strauß fest, daß sich der Regierungsbonus für die SPD bei den Wählern weniger auszahlt als erwartet.

Ernst Maria Lang *Oppositionsmöglichkeit einer Großen Koalition*

Die Große Koalition ist kein Idealfall für die Demokratie. Machtkonzentration bei den Regierenden und die Ohnmacht der Mini-Opposition rufen Unbehagen hervor. Trotz der wirtschaftspolitischen Erfolge der Regierung entwickelt sich eine „außerparlamentarische Opposition".

Herbert Kolfhaus *„Entfeinert" – Aus dem Sack gelassen – „Sehen Sie doch, nicht mal Krallen zeigt sie!"*

Vor der Verabschiedung einer Notstandsverfassung (am 30. Mai 1963) kommt es über Monate zu Widerspruch und Demonstrationen. Ein Sternmarsch nach Bonn im Mai 1968 dokumentiert breite Beunruhigung, vor allem auch in den Gewerkschaften und in der SPD. Seit der militärischen Aufrüstung der Bundesrepublik hat kein Gesetzgebungswerk derart heftige Reaktionen ausgelöst.

Fritz Meinhard

Von 1955 bis 1969 ist die Hallstein-Doktrin – benannt nach Staatssekretär Walter Hallstein – eherner Grundsatz der Bonner Außen- und Deutschlandpolitik. Sie schließt die Aufnahme oder Aufrechterhaltung von Beziehungen zu Staaten aus, die die DDR diplomatisch anerkennen. Die sozial-liberale Koalition gibt diesen völkerrechtlichen Alleinvertretungsanspruch auf, weil er ihren politischen Gestaltungswillen blockiert.

Die Hallstein-Doktrin: „Rollt die Fahne denn zusammen;
Langsam wird es allen klar,
Daß der ausgefranste Fetzen
Nur der Sturheit Banner war."   *(frei nach L. Uhland)*

Henry Meyer-Brockmann *Ex occidente lux – oder: Aus dem Westen grünes Licht*

Willy Brandt hat als Außenminister der Großen Koalition die Politik auf ein neues Gleis gesteuert. Das Wort Entspannung wird zum Schlüsselbegriff für ein gemeinsames internationales Interesse: im nuklearen Zeitalter überleben. Die Notwendigkeit einer Verständigung zwischen Washington und Moskau ist 1962/63 während der Kuba-Krise dramatisch deutlich geworden.

1967

Wolfgang Sieling *Aber Herr Brandt: Jetzt schon?*

Bundespräsident Heinrich Lübke ist 1964 mit Unterstützung der SPD wiedergewählt worden. Jetzt meldet Willy Brandt für seine Partei den Anspruch an, erstmals seit 1949 das Staatsoberhaupt zu stellen. Am 5. März 1969 wird Dr. Dr. Gustav Heinemann, Justizminister im Kabinett Kiesinger/Brandt, mit den Stimmen von SPD und FDP zum Präsidenten gewählt.

Josef Partykiewicz *Da stimmt was nicht*

Die sowjetischen Gesprächspartner schalten auf kühle Reserve. Freundliches Interesse, das der Kreml im Zusammenhang mit dem Regierungsprogramm der Großen Koalition erkennen ließ, ist wieder vereist. Motiv dafür ist Rücksichtnahme auf die DDR. Ulbricht fürchtet Isolierung.

Hanns Erich Köhler *Warum nicht Gegen-Reaktion?*

Bei den Protesten gegen die Notstandsgesetze artikuliert sich gleichzeitig Unbehagen über die Große Koalition. Viele Mitglieder und Anhänger der SPD, insbesondere aus der jungen Generation, sind bei den Mißfallenskundgebungen dabei. Die Politiker tun sich schwer im Umgang mit der außerparlamentarischen Opposition (APO).

Ernst Maria Lang *Heißes Spielzeug*

Am 18. September 1967 unterbreitet die DDR Bundeskanzler Kurt Georg Kiesinger einen Vertragsentwurf über die Herstellung und Pflege normaler Beziehungen zwischen der Bundesrepublik Deutschland und der DDR.

Wilhelm Hartung *Greif zum Besen, Willy Brandt!*

Turbulenzen in der Berliner SPD löst der Tod des Studenten Benno Ohnesorg aus. Bei einem Polizeieinsatz anläßlich einer Demonstration gegen den iranischen Staatsgast Schah Resa Pahlevi wird er am 2. Juni erschossen. Eine indirekte Folge dieses Vorganges ist der Rücktritt des Regierenden Bürgermeisters Heinrich Albertz, der das Amt von Brandt übernommen hatte. Willy muß helfen. Am 19. Oktober 1967 wird Klaus Schütz, bis dahin bei Brandt Staatssekretär im Auswärtigen Amt in Bonn, neuer Regierender Bürgermeister im Schöneberger Rathaus.

Jupp Wolter *Brand(t)meister*

Willy Brandt versucht den Schwelbrand des Kalten Krieges zu löschen. Seine auf Entspannung und Versöhnung bedachte Politik will die vom Ost-West-Konflikt geprägte Nachkriegszeit beenden.

Horst Haitzinger *Der Sündenfall*

Eines der Hauptziele der Großen Koalition ist die Verbesserung der Beziehungen zum „Osten". Auch für die beiden Teile Deutschlands steht Entspannung auf der Tagesordnung. Es kommt zu einem Briefwechsel zwischen dem Bonner Regierungschef und Willi Stoph, dem Vorsitzenden des DDR-Ministerrates, der zu nichts führt. Das deutsch-deutsche Gespräch bleibt ein Dialog unter Schwerhörigen.

1968

Jupp Wolter *Wanderstäbe vom Koalitionspartner*

Die von Brandt auf den Weg gebrachte neue Ostpolitik findet im Westen und in der Dritten Welt die stärkste Zustimmung. Die Parole vom Störenfried Deutschland zieht nicht mehr. Es gibt erfreuliche Hinweise, daß auch in den Völkern Osteuropas Vorbehalte abgebaut werden. Die vom Außenminister gewollte Verstärkung und Konkretisierung dieser Politik stößt schon nach einem guten Jahr auf das Mißtrauen der Koalitionspartner CSU und CDU.

Josef Partykiewicz *„Tibetanische Gebetsmühle oder der Unentwegte"*

Willy Brandt ist überzeugt: „Nicht nur Spannungen, auch Entspannungen übertragen sich. Nicht nur der Unfriede, auch der Friedenswille kann ansteckend sein."

1969

Fritz Wolf *Die Überwindung der deutschen Spaltung*

Ein deutsch-deutscher Grabenkampf: Bundeskanzler Willy Brandt ist bemüht, Gräben zuzuschütten und zu überwinden. Walter Ulbricht, Chef der SED und Staatsratsvorsitzender der DDR, setzt alles daran, sie breit und tief zu halten. Er blockiert konsequent die nationalen Zielsetzungen der sozial-liberalen Deutschlandpolitik.

1969

Jupp Wolter *Zeitbomben?*

Antragsflut zum Godesberger Sonderparteitag. Es geht ums Regierungsprogramm. „Wir sind eben eine lebendige Partei", kommentiert Brandt den gelegentlich exzessiven und kontroversen Diskussionsbedarf seiner Partei. Ob das Antragspaket des linken SPD-Bezirks Hessen-Süd wieder Zeitbomben enthält?

1969

1969

Fritz Meinhard *Der Atomwaffensperrvertrag unterzeichnet:*
„Nagen Sie ruhig dran herum, meine Herren; ihr Zahnarzt will auch leben!"

Am 28. November 1969 beschließt die sozial-liberale Bundesregierung den Beitritt zum Atomwaffensperrvertrag. Schon im Juli 1968 hatten über 100 Staaten in Washington, Moskau und London unterzeichnet. Die Bonner Unterschrift, für die sich Willy Brandt in der Großen Koalition vergeblich stark gemacht hatte, kann wegen des Widerstandes der CDU/CSU erst 17 Monate später geleistet werden.

Ernst Maria Lang

„Ich rat' Euch, EsPeDe zu wählen", heißt die Botschaft des prominenten Wahlhelfers von Willy Brandt an die Deutschen. Der Autor der „Blechtrommel" – vom wahlkämpfenden Übergangskanzler Erhard 1965 als „Pinscher" eingestuft, ist 1969 und 1972 die Lokomotive einer im geistig-künstlerischen Bereich angesiedelten Wählerinitiative für den Spitzenkanditaten der SPD.

Herbert Heyne *Der Hochrechner*

Im September 1969 (am 28.9. sind Bundestagswahlen) haben nicht nur Wahlkämpfer und Demoskopen, sondern auch Karikaturisten Konjunktur.

1969

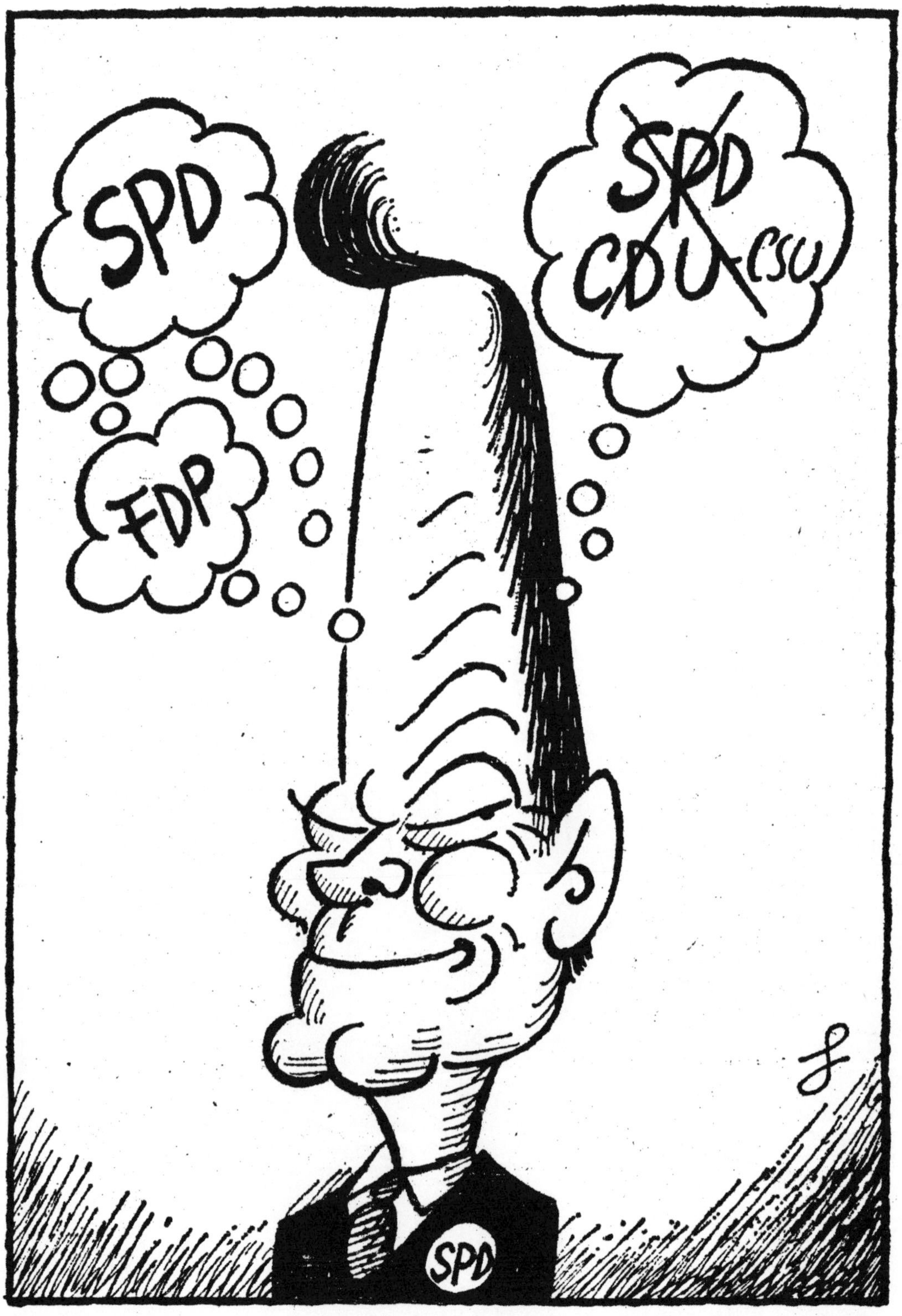

Wilhelm Hartung *Zarte Fühler*

„Während des Wahlkampfes waren die beiden Parteien (SPD und FDP), zumal wegen außenpolitischer Kontroversen mit der Union, auch im Bewußtsein einer breiten Öffentlichkeit näher zusammengerückt", schreibt Willy Brandt in seinem Buch „Begegnungen und Einsichten".

Josef Partykiewicz *Spitzentanz*

Wenige Tage vor der Bundestagswahl: Wohin tendiert die FDP? Solo für Walter nach der ewig jungen Melodie: „Zünglein an der Waage".

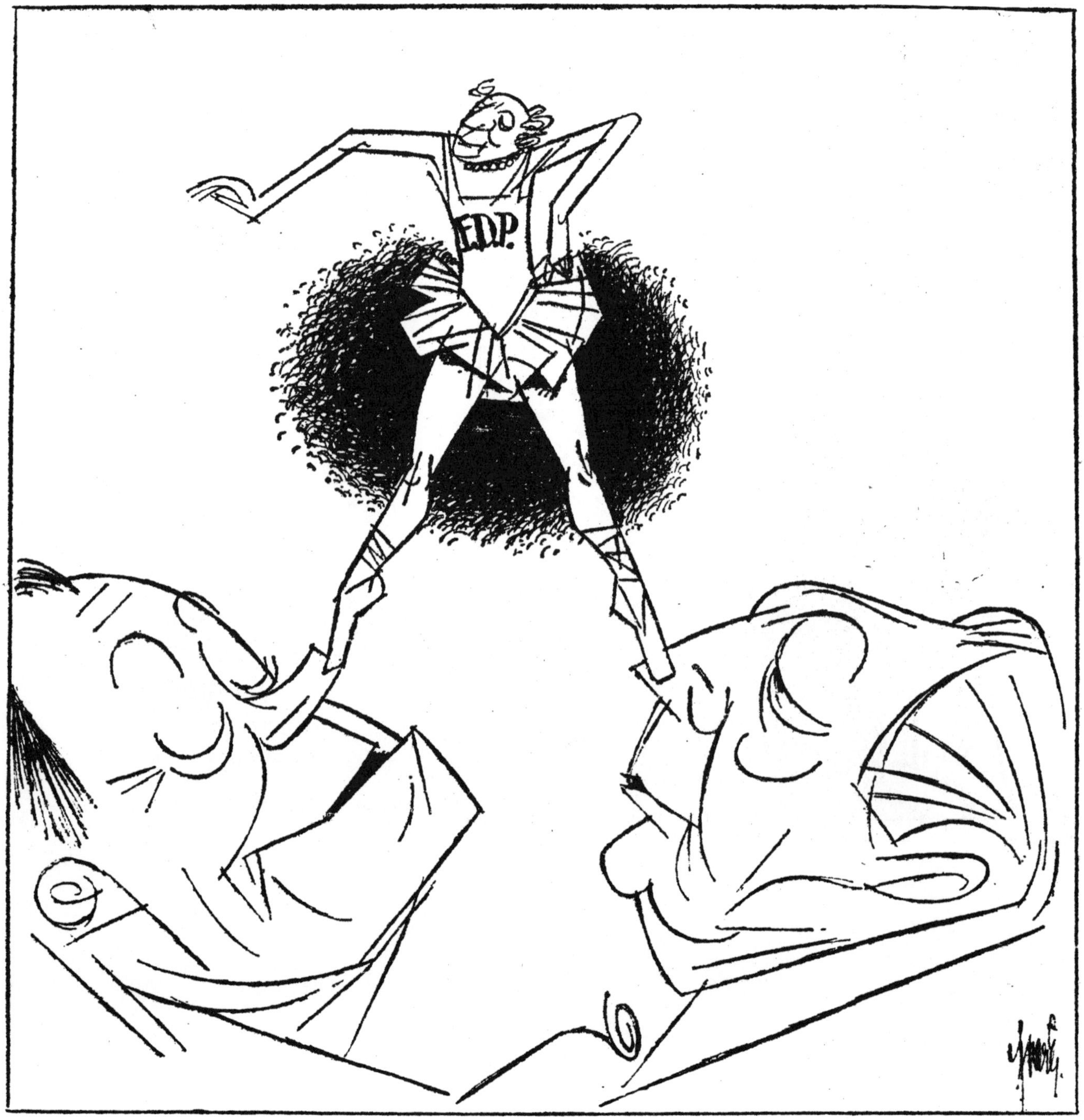

Fritz Behrendt

Bei der Bundestagswahl am 28. September 1969 bekommen CDU/CSU 46,1, die SPD 42,7 und die FDP 5,8 Prozent der Stimmen. Kurze Zeit nach verbindlicher Berechnung der Mandatsverteilung – SPD: 222 und FDP 30 – treten Willy Brandt und der FDP-Vorsitzende Walter Scheel in Kontakt. Für eine sozial-liberale Koalition gibt es gute Gründe. Am 21. Oktober wird Brandt von 251 Abgeordneten des 6. Deutschen Bundestages zum Kanzler gewählt.

Ernst Maria Lang *Die Bundesloge: „Ihr sitzt auf unseren Plätzen."*

Der Machtwechsel erwischt die künftige Opposition kalt. Sie will die ihr nach 20 Jahren erstmals zufallende Rolle nicht annehmen. Kiesinger und Co. sind fassungslos bis wütend.

Bernd Bruns

Am 28. Oktober gibt der erste sozialdemokratische Bundeskanzler in der zweiten Demokratie auf deutschem Boden seine Regierungserklärung ab. Im Programm der sozial-liberalen Koalition: eine Ost- und Deutschlandpolitik, mit der eine neue Ära in den West-Ost-Beziehungen und damit auch eine Lösung des Deutschlandproblems erreicht werden soll.

Hans-Joachim Gerboth *Laokoon 1969*

Für eine Neuauflage der 1966 geplatzten Koalition mit der FDP will „König Silberzunge" (Kiesinger) einen hohen Preis zahlen. Sechs FDP-Minister sind u. a. im Angebot. Als die Liberalen die Köder rechts liegen lassen, droht Kiesinger Rache an: Er will die FDP „aus den Parlamenten herauskatapultieren".

Horst Haitzinger *„Is was?"*

Willy Brandt wird verehrt und geliebt. Vor allem die Friedens- und Entspannungspolitik hebt ihn in den Popularitätshimmel. Zaghaft meldet sich Wirtschaftsminister Schiller zu Wort und weist darauf hin, daß es sein Ressort auch noch gibt. Und der Verteidigungsminister und Stellvertreter im Parteivorsitz, Helmut Schmidt, könnte an Wilhelm Raabe gedacht haben: „Sieh auf zu den Sternen, hab acht auf die Gassen."

Horst Haitzinger

Das „Herein" des DDR-Staatsratsvorsitzenden Walter Ulbricht kommt nur halbherzig. Er hat panische Angst vor ideologischer Aufweichung der DDR. Andererseits kann er die DDR in der sich anbahnenden Entspannungspolitik nicht ganz isolieren. Spitzbart in der Zwickmühle. Es folgen die Treffen von Brandt und dem Chef des DDR-Ministerrats Willi Stoph in Erfurt (19.3.) und Kassel (21.5.)

Wilhelm Bruns

Am 19. März in Erfurt und am 21. Mai 1970 in Kassel treffen sich Bundeskanzler Willy Brandt und DDR-Ministerratsvorsitzender Willi Stoph. Es kommt zu einer Konfrontation der Standpunkte, greifbare Ergebnisse gibt es nicht. Trotzdem ist dies ein Aufbruch zu einem „langen Marsch" von einem Nebeneinander zu einem Miteinander der durch Mauer und Stacheldraht getrennten beiden Teile Deutschlands.

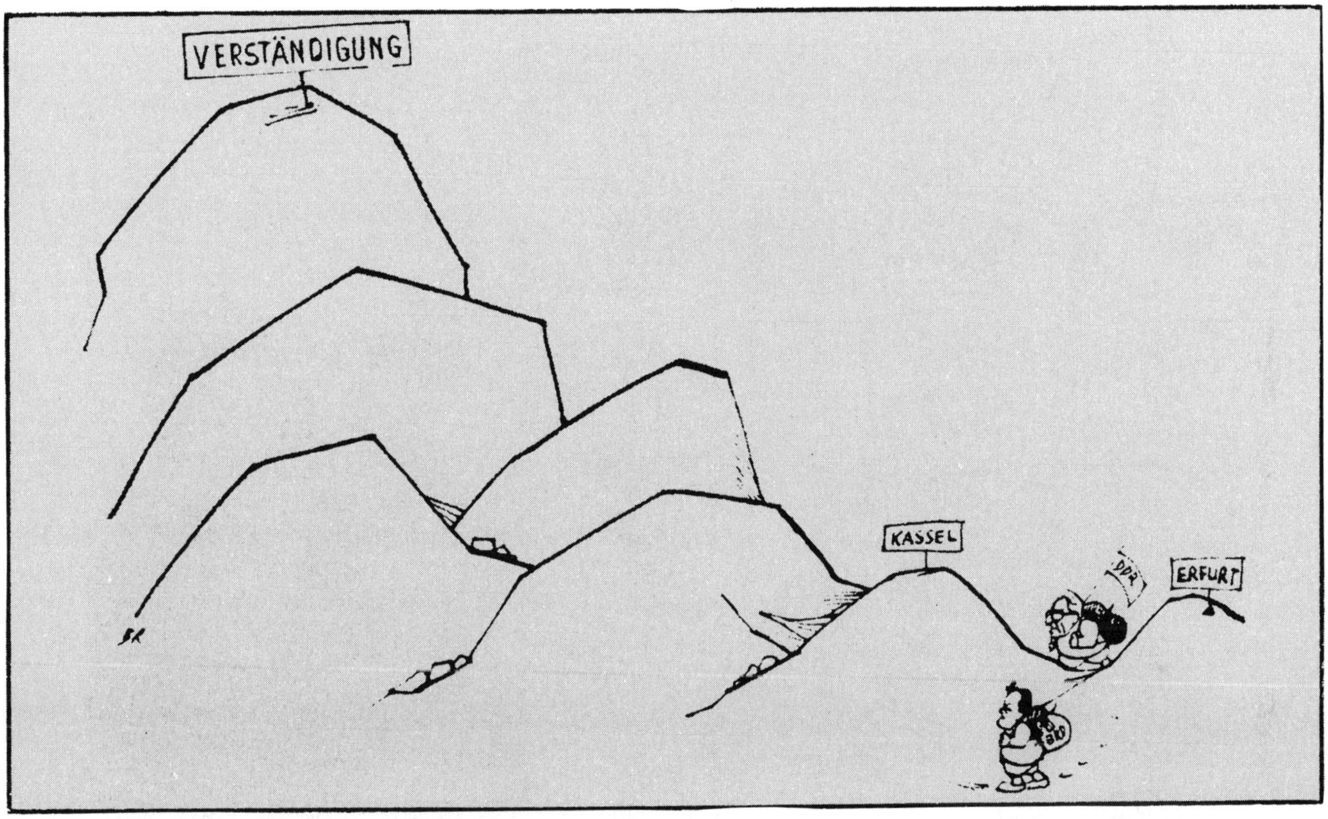

Michael Cummings/Daily Express, London *„Ach, Everybody loves Germany NOW"*

Die trotz westlicher Rückkopplung betont selbständige Ostpolitik Bonns erweckt auch Mißtrauen. In der Zeichnung eines britischen Karikaturisten wird Willy Brandt als deutsches Gretchen – nach den westlichen Regierungschefs Nixon, de Gaulle, Pompidou und Heath – nun auch von Breschnew hofiert.

1970

Wilhelm Hartung *„Näher rrran……!"*

Brandt ist Schrittmacher für die EG-Erweiterung. Großbritannien ist ihm dabei besonders wichtig. 1971 beschließt das Londoner Unterhaus den Beitritt. Was der Außenminister zusammen mit dem britischen Premier und Labour-Führer Harold Wilson auf den Weg gebracht hat, kann er als Bundeskanzler begrüßen. Adressat seiner Glückwünsche ist allerdings inzwischen der konservative Premier Edward Heath.

Fritz Wolf *Entschärfung*

Entschärfung der unmenschlichen Grenze bleibt das realistische Verhandlungsziel des Bundeskanzlers.

Horst Haitzinger

Die Gegner der neuen Ostpolitik wollen den deutschen Michel wieder das Fürchten vor den Sozis lehren. Die schwarze Troika Strauß – Kiesinger – Barzel hat sich als Medium eine „Komposition" aus Teufel, Kommunist, Dracula und Popanz einfallen lassen.

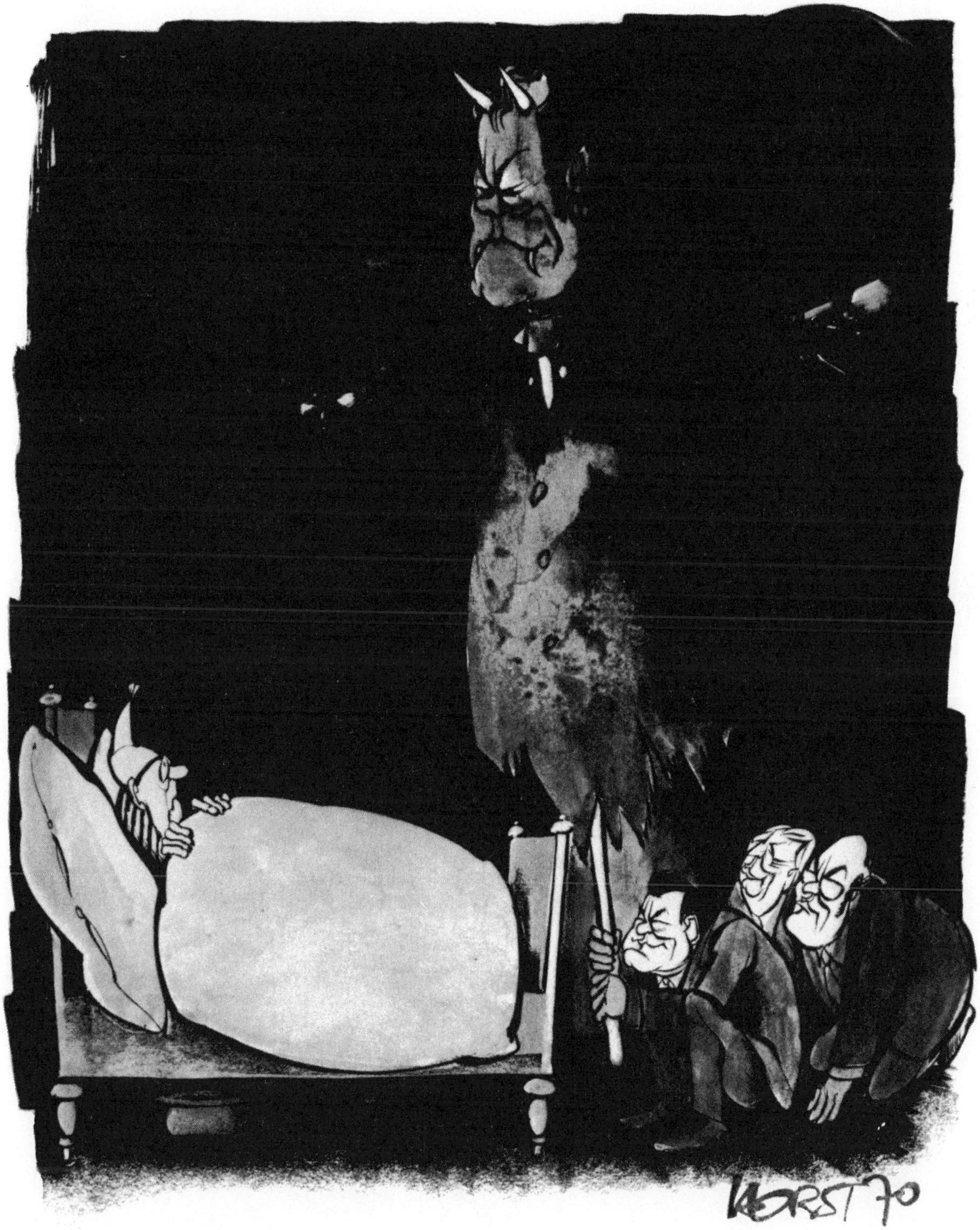

»Huuuu – Huuuu – Huuuu...«

Horst Haitzinger

Für die sozial-liberale Koalition ist Gefahr im Verzuge. Die Opposition verzeichnet Verstärkung durch Fraktionswechsler. Mit 254 Abgeordneten ist das Bündnis 1969 angetreten. 251 davon stimmen bei der Kanzlerwahl für Willy Brandt. Jetzt treten die FDP-Bundestagsabgeordneten Mende, Starke und Zoglmann offiziell über. Die Union lockt den rechten Flügel der FDP und gefährdet damit auch die Regierung Brandt.

Hanns Erich Köhler *8. Dezember 1970: Die Unterschrift des Jahres*

Kernpunkte des Warschauer Vertrags sind diplomatische Anerkennung, Gewaltverzicht, Anerkennung der Oder-Neiße-Grenze und Familienzusammenführung. Anläßlich der Unterzeichnung kommt es zum Kniefall Willy Brandts vor dem Ehrenmal im Warschauer Ghetto. Vor allem im Ausland fand diese spontane Geste des deutschen Bundeskanzlers Anerkennung.

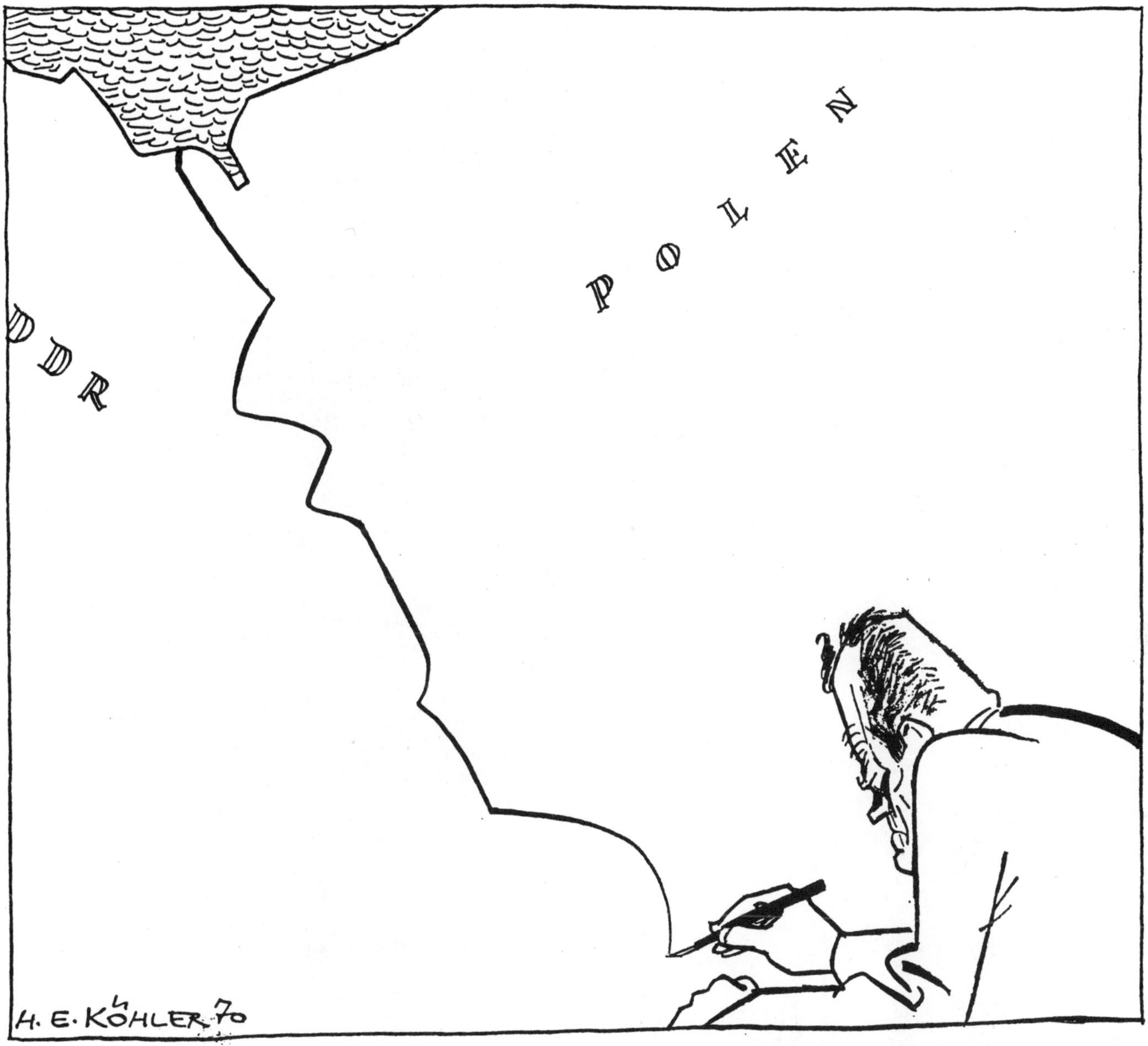

1970

1970

Horst Haitzinger *„Was ihr Illusionisten in Warschau ausgehandelt habt ist uns völlig egal, wir bleiben auf unserem Baum!"*

CDU/CSU-Opposition und die Vertriebenenverbände wollen nicht wahrhaben, daß die Gebiete östlich von Oder und Neiße unwiderruflich polnisch sind.

Horst Haitzinger *„Einmal müssen sie es ja erfahren, wir werden es ihnen also schonend beibringen, daß wir 1945 den Krieg verloren haben!"*

Am 7. Dezember 1970 unterzeichnen Willy Brandt und Walter Scheel in Warschau den Vertrag über die Grundlagen der Normalisierung der Beziehungen zwischen der Bundesrepublik Deutschland und der Volksrepublik Polen. Die Opposition geht – wie schon beim Moskauer Vertrag – auf harten Konfrontationskurs.

Tim/L'Express, Paris

Zur Bonner Ostpolitik (frei nach Marc Chagall): Egon Bahr bleibt der Eisbrecher zwischen der BRD und dem Ostblock. Die Westmächte unterstützen Willy Brandts Initiativen. Für sie ist die Zeit der harten Konfrontationen anscheinend zu Ende.

1970

Hans-Joachim Gerboth *Kleine Brötchen*

„Wir schaffen das moderne Deutschland", versprach die SPD im Bundestagswahlkampf 1969. Reformen von sozialdemokratischer Qualität sind vor allem in den Bereichen Bildung, Gesundheit, Wohnungsbau und Verkehr an- und zugesagt. SPD-Bundesgeschäftsführer Hans-Jürgen Wischnewski geht in die vollen: „Wir machen jede Woche eine Reform." Doch die Verhältnisse sind stärker als der Reformeifer.

1970

Horst Haitzinger *Sisyphus*

Entspannungspolitik ist das Bohren von besonders dicken Brettern. In kleinen Schritten lange geübt, ist Bundeskanzler Willy Brandt für Sisyphus-Frust schon fast immun. Im Jahr 1971 gibt es sogar gewisse Lichtblicke: Am 3. Mai wird Erich Honecker vom ZK der SED zum neuen Ersten Sekretär gewählt. Walter Ulbricht hat aus „Altersgründen" um Entbindung von diesem Amt gebeten. Und am 11. Dezember wird zwischen BRD und DDR in Bonn ein Abkommen über den Transitverkehr zwischen Berlin und dem Bundesgebiet unterzeichnet.

Ernst Maria Lang *Eine Quadriga für Berlin*

Nach 33 Treffen in 17 Monaten sind die Berlin-Verhandlungen unter Dach und Fach. Das Viermächteabkommen über Berlin wird am 3. September 1971 von den USA, von Großbritannien, Frankreich und der UdSSR unterzeichnet. Nein-Sager Strauß sieht auch darin keinen Grund, Quadriga-Harmonie zu demonstrieren.

Ernst Maria Lang *Nachkur auf der Krim*

Im September 1971 hält sich der Bundeskanzler zu einem offiziellen Besuch in der Sowjetunion auf. Dabei kommt es zu einem „Privatissimum" auf der Krim. Breschnew lädt Brandt und Bahr zum Bade. Vor deutschen Journalisten sagt der Staats- und Parteichef der UdSSR: „Wir haben zu viele verdorbene Jahre hinter uns."

1971

Horst Haitzinger

„Superminister" Karl Schiller (Wirtschaft und Finanzen) bekommt auf dem „Steuerparteitag" der SPD in Bonn heftigen Gegenwind zu spüren. Er mahnt: „Genossen, laßt die Tassen im Schrank!" Willy Brandt sieht Anlaß, festzustellen, daß auch eine sozialdemokratisch geführte Bundesregierung nicht „ein einfaches Vollzugsorgan eines noch so wichtigen Parteigremiums sein kann".

1971

Ironimus

Durch den Sturz des US-Dollars kommt es zu einer internationalen Währungskrise. Vom 5. bis 10. Mai bleiben in der Bundesrepublik die Devisenbörsen geschlossen. Erst eine Abwertung des Dollars und eine Aufwertung der D-Mark bringen das Weltwährungssystem wieder einigermaßen ins Lot.

1971

Horst Haitzinger

Aus Oslo kommt im Oktober 1971 die Nachricht: Friedensnobelpreis für Willy Brandt. Eine Sensation. Peinlich für die politischen Gegner in Bonn, die Brandt wegen seiner Ost- und Entspannungspolitik geschmäht haben.

Jupp Wolter *„Bitte nicht auf die Säule! Ich habe noch zu tun!"*

„Ich habe nicht den Wunsch, meine Arbeit schon aufzugeben", erklärt Willy Brandt in Oslo. Der „Preis für Courage" – so der britische „Guardian" – ist ein Obligo für den Wegbereiter einer Politik, „die den Frieden in der Welt sicherer macht". Herbert Wehner kommentiert: „Wir Sozialdemokraten leisten aus seinem Friedenspreis keine Rechte, sondern Pflichten für uns selbst ab."

1971

Aus: El Correo Catalàne, Barcelona

Laudatio eines spanischen Karikaturisten: Willy Brandt formt das furchterregende Hakenkreuz in das Symbol der Friedensbewegung um. Dieses grafische Kabinettstückchen des Zeichners bringt den internationalen Respekt vor dem Repräsentanten des anderen, des anständigen Deutschlands zum Ausdruck.

1971

Aus „Ekstra Bladet", Kopenhagen *„Der Versöhner"*

Der Friedensnobelpreis, den Willy Brandt am 10. Dezember 1971 in Oslo entgegennimmt, wird international als Anerkennung für sein Werk der Versöhnung gewertet. Brandt: „Von deutschem Boden soll nie wieder Krieg ausgehen."

Felix Mussil *Reformen*

Ein Berg von Schwierigkeiten türmt sich vor dem Reformwillen der ersten von einem Sozialdemokraten geführten Bundesregierung auf. Der Geldwertschwund ist nicht in den Griff zu bekommen. Wiederum sieht ein Karikaturist Bundeskanzler Willy Brandt in einer Art Sisyphus-Rolle.

1971

Eckart Munz *„Immer noch Flaute! Kannst du nicht ein bißchen Wind machen, Karl?"*

Den innenpolitischen Reformmaßnahmen ist der nötige Schwung abhanden gekommen. Eine weltweite Finanzkrise bremst den politischen Gestaltungswillen der Bonner Regierungsmannschaft. Seit Mai 1971 stehen Stabilisierungsmaßnahmen binnenwirtschaftlicher und haushaltspolitischer Art im Vordergrund der Regierungsarbeit. Bundesfinanzminister Alex Möller (SPD) tritt am 13. Mai zurück.

Eckart Munz *Schwer zu tragen*

„Ich betrachte es nicht nur als Bürde, wenn viele mehr erwarten, als man geben kann", sagt Willy Brandt in der Evangelischen Akademie Tutzing. Kurze Zeit danach stellt er angesichts der eingetretenen Konjunkturdämpfung auf dem Steuerparteitag der SPD im November 1971 in Bonn und der dort „von links" angemahnten Reformaufgaben auch nachdrücklich fest: „Wir sind keine Partei die undurchführbare Forderungen stellt und damit Anlaß gibt, ihre Regierungsfähigkeit in Zweifel zu ziehen."

Markus *„Und du meinst, daß die Jusos auch diesen Landesverband weitgehend unterwandert haben?"*

Die Jusos sind auf dem Marsch durch die Institutionen. Aus dem lammfrommen Parteinachwuchs der 60er Jahre ist ein Motor der Reformbewegung und der innerparteilichen Diskussionen geworden. Nicht ohne Lust nerven sie die Spitzengenossen. Während Helmut Schmidt Vorbehalte und Argwohn gegen die „linken Spinner" hat, ist Willy Brandt eher der väterliche Schutzpatron der Jusos.

1972

Horst Haitzinger

Nichts läuft mehr in Bonn. Die beiden Lager blockieren sich gegenseitig. Brandts Mehrheit von 1969 (254 Abgeordnete) ist dahin. Nach einer Reihe von Fraktionsübertritten von FDP und SPD zur Opposition verfügen Regierung und Opposition über 248 Stimmen: Patt. Trotzdem scheitert am 27. April ein konstruktives Mißtrauensvotum der Opposition. Im Herbst löst Bundespräsident Heinemann den Bundestag auf. Neuwahlen!

1972

Ernst Heidemann *Jedem seinen Willy*

„Willy Brandt – wen denn sonst?" erweist sich als wirkungsvolle Wahlparole der SPD. Sie trifft in allen Wählerschichten auf Identifizierungsbereitschaft mit dem Spitzenmann der SPD.

Peter Leger

Willy Brandt ist der große Sieger der vorgezogenen Bundestagswahl am 19. November 1972. Mit ihm erzielt die SPD 45,8 Prozent der Stimmen und damit den größten Wahlerfolg in ihrer Geschichte. Die FDP verbessert sich auf 8,4 Prozent. Mit zusammen 271 Mandaten geht die sozial-liberale Koalition erheblich gestärkt aus den Wahlen zum 7. Deutschen Bundestag hervor.

Klaus Pielert *Er tunkt sie in die Tinte tief, wie auch Johano „Feuer" rief.*

Einseitige Überschätzung von Theorien und „Modellen" durch Vordenker bei den Jusos beunruhigen die SPD-Führung. Johano Strasser ist stellvertretender Bundesvorsitzender der Jusos. Er profiliert sich als wortgewaltiger Kritiker des Monopolkapitalismus und provoziert damit Assoziationen mit Klassenkampfvorstellungen des vergangenen Jahrhunderts.

1973

Walter Hanel *Zum Fressen gern*

Mit dem Wahlerfolg von 1972 im Rücken will der seit 1968 gestärkte und von Willy Brandt in die SPD integrierte linke Flügel seine politischen Forderungen durchsetzen. Da gibt es auch Ungereimtes, wie in Hannover, wo beschlossen wird, den Maklerberuf abzuschaffen (1975 in Mannheim wieder einkassiert). Auch das Godesberger Programm ist nicht mehr unantastbar. Eine Kommission wird eingesetzt, die einen Orientierungsrahmen für die Positionen der SPD bis 1985 festlegen soll.

Jupp Wolter *Prophete rechts, Prophete links …*

„Einem jeden recht getan, ist eine Kunst, die niemand kann", könnte unter dieser Zeichnung stehen. Von rechts und links wird Willy Brandt attackiert. Daß in der Mitte auch noch regiert werden muß, scheint bei manchen dabei in Vergessenheit zu geraten.

1973

Peter Weber *„Viel Koch, viel Brei!"*

Der „Radikalenerlaß" kocht und brodelt zwischen 1972 und 1976 in den Töpfen von Bonn bis Karlsruhe. Es geht um Verfassungstreue im öffentlichen Dienst, konkret um Gefahren für die Demokratie, die von einem Lokomotivführer mit kommunistischem Parteibuch ausgehen. Der Brei ist zäh und heiß, der Chefkoch fürchtet, sich daran den Mund zu verbrennen.

1973

1973

Peter Weber *Der Glöckner*

Am 18. September 1973 werden die Bundesrepublik Deutschland und die DDR in die Vereinten Nationen aufgenommen. Als erster deutscher Bundeskanzler spricht Willy Brandt vor der Vollversammlung der UN in New York.

Ernst Maria Lang *Aufstehen, Alaaarm*

„Die Herren baden gerne lau!" entfährt es Herbert Wehner in der Residenz des deutschen Botschafters in Moskau vor Journalisten. Einer der Adressaten, Bundeskanzler Willy Brandt, erfährt davon in den USA und kehrt sofort nach Bonn zurück. Die drastische und sicherlich am falschen Ort geäußerte Verärgerung des SPD-Fraktionsvorsitzenden über den schleppenden Fortgang der Ostpolitik empört ihn. Er denkt über Konsequenzen nach.

1973

1973

Walter Hanel *Angeleint*

„Wir müssen denen Feuer unter dem Hintern machen", definiert Herbert Wehner eine wichtige Aufgabe der SPD-Bundestagsfraktion. Zweifel, daß er dabei die Mitglieder der SPD/FDP-Regierung im Visier hat, läßt er nicht aufkommen. In Moskau ist der „Zuchtmeister" jedoch zu weit gegangen. Brandt wird von Parteifreunden geraten, den Fraktionsvorsitzenden aus dem Amt zu drängen. Dem kommt „Onkel Herbert" mit einer „Korrektur" seiner Schelte in einer Pressekonferenz zuvor.

Aus: Epoca, Mailand

Die Ostpolitik der Regierung Brandt stößt nicht auf ungeteilte Zustimmung. Im Ausland mischen sich auch besorgte Stimmen darunter, wie hier in Italien. „Sind West- und Ostdeutschland wirklich noch getrennt?" fragt die Mailänder Illustrierte. Brandt und Honecker zusammengeschweißt unter Pickelhauben von 1870. Ein viertes Reich?

1973

FINO A CHE PUNTO LE GERMANIE SONO ANCORA DUE?

Il Quarto Reich

di RAFFAELLO UBOLDI

All'Ovest, Krupp torna a fabbricare armi. All'Est cresce l'immigrazione di operai stranieri. Bonn si fa corteggiare dall'Oriente e dall'Occidente. Pankow insegna l'efficienza al mondo socialista. le due Repubbliche siedono insieme all'ONU. e tra l'una e l'altra, sotto il muro di Berlino, passano invisibilmente tante cose.

Klaus Pielert *„Sie können das Doppelzimmer haben, aber grundsätzlich bleibe ich dabei: Sie sind nicht verheiratet!"*

Am 11. Dezember 1973 unterzeichnen Ministerpräsident Strougal und Bundeskanzler Brandt in Prag den „Vertrag über die gegenseitigen Beziehungen zwischen der Bundesrepublik und der ČSSR". Auf eine Berlinklausel kann verzichtet werden. Man beschränkt sich auf einen Briefwechsel der Außenminister Scheel und Chnoupek, in dem die Gültigkeit des Vertrags gemäß Viermächte-Abkommen auf Berlin (West) erstreckt wird.

Hans Joachim Gerboth *Der Herr Bundeskanzler . . . und Gefolge!*

Die Lebenshaltungskosten steigen um 6,8 Prozent. Die Arbeitslosenquote beträgt 2,2 Prozent. 50000 Metallarbeiter setzen mit spontanen Arbeitsniederlegungen Teuerungszulagen durch. Ölkrise. Ein Energiesicherungsgesetz erlaubt die Anordnung von Fahrverboten an Sonntagen und Geschwindigkeitsbegrenzungen. Brandt am 2. April: „Die Bundesrepublik Deutschland ist im Vergleich zu anderen wirtschaftlich, sozial und politisch stabil."

Fritz Behrendt *„Viel Feind – viel Ehr'?"*

Die ÖTV meldet im Herbst eine Forderung von 15 Prozent mehr Lohn mit einem zusätzlichen Urlaubsgeld an. Trotz der erheblich negativ veränderten wirtschaftlichen Daten hält die ÖTV zu Beginn der Tarifverhandlungen diese Forderung aufrecht. Der Kanzler ist ebenso wie Wirtschaftsminister Hans Friderichs (FDP) überzeugt, daß eine zweistellige Lohnerhöhung von Übel sein würde. Streikgefahr zieht herauf.

Wolfgang Hicks *Auch du, mein Vetter Heinz Oskar ...!*

Die Gewerkschaften gehen auf Konfrontationskurs zur Regierung. Die ÖTV unter ihrem populären Vorsitzenden Heinz Kluncker (SPD) ist nicht zum Einlenken zu bewegen. Bundespräsident Dr. Gustav Heinemann rät Brandt, fest zu bleiben und notfalls mit Rücktritt zu drohen.

1973

1974

Felix Mussil *„... Vater sein dagegen sehr"*

Freude macht das Regieren in solchen Zeiten wenig. Streikdrohungen der Gewerkschaften, eine labile Wirtschaft, Ölkrise, aufmüpfige Studenten, und selbst die eigenen Kinder, die Jusos, machen einem das Leben schwer.

Basil Mitropoulos (BAS)

Die sozialdemokratischen Kommunalpolitiker leiden unter dem Alptraum nicht abgeholter Mülltonnen und blokkierten Nahverkehrs. Sie beschwören den Kanzler mit Erfolg, einer Lohnerhöhung von 11 Prozent plus einiger Extras im öffentlichen Dienst zuzustimmen. Willy Brandt: „Die ökonomische Einsicht, die politische Verantwortung und die persönliche Selbstachtung hätten die Ankündigung des Rücktritts gebieten müssen."

1974

Fritz Wolf *Hoch- und Tiefrechnung*

Bei den Wahlen zur Hamburger Bürgerschaft am 3. März muß die SPD eine schwere Schlappe einstecken. Mit 44,9 Prozent erreicht sie 10,4 Punkte weniger als 1970, während Helmut Kohl auf seine Hamburger mit 40,6 Prozent (plus 7,8) stolz sein kann. Vier Jahre später wird dieser Erdrutsch allerdings wieder aufgefangen (SPD plus 6,6 Prozent, CDU minus 3 Prozent).

1974

Jupp Wolter *Vilshofener Sonderangebot*

Beim traditionellen politischen Aschermittwoch in Vilshofen fällt CSU-Chef Strauß dröhnend über die Bonner SPD/FDP-Regierung her. Beim näheren Hinsehen hat er aber konkret wenig zu bieten. Willy Brandt setzt weiter auf die Politik der kleinen, aber realistischen Schritte.

Horst Haitzinger *„Meine Frühjahrskur schlägt an, Willy, ich hab etwas abgenommen!"*

Nach der herben Enttäuschung von Hamburg kommt es zwei Monate später bei den Kommunalwahlen in Rheinland-Pfalz zu einer empfindlichen Niederlage der SPD. Trotz unleugbarer lokaler Gründe für das hanseatische Ergebnis wird mit einseitigen öffentlichen Schuldzuweisungen in Richtung Bonn gearbeitet. Willy Brandt: „Der Sieg hat immer viele Väter, die Niederlage ist ein Waisenkind."

Horst Haitzinger

Jüngere Kräfte in der SPD bekennen sich verstärkt zu marxistischen Theorien. Parteivorsitzender Willy Brandt fordert im März 1974, daß sich die Partei auch weiterhin gegenüber dem Kommunismus abgrenze. „Wer den demokratischen Rechtsstaat in Frage stellt, der ist in der SPD nicht am rechten Platz", meint Brandt.

1974

Peter Leger *„Die widerborstige Heid(i)schnucke"*

Die „rote Heidi" (Wieczorek-Zeul) ist eine unbequeme Bundesvorsitzende der Jungsozialisten. Sie liefert Vorlagen für Schlagzeilen wie „Jusos gegen Brandt". Am 2. April 1974 muß sie in einer „10-Punkte-Erklärung" von Willy Brandt lesen: „Wer meinen sollte, seine Pflichten gegenüber der Partei erschöpfen sich in hämischer Kritik, sollte diese Kritik lieber von außerhalb der Partei üben."

Josef Parykiewicz

Willy Brandt ist der unumstrittene König der großen Tiere in dem Bonner Politikerzoo.

Rudolf Donath *Drum prüfe, wer sich ewig bindet ...*

Immer wieder flackern Bedenken an der Koalitionstreue der FDP auf. Die CDU lockt. Am 15. Mai wird Walter Scheel als Nachfolger von Gustav Heinemann (SPD) zum Bundespräsidenten gewählt. Genscher ist Vizekanzler und Außenminister.

1974

Peter Weber *Ein Denkmal fängt an zu kämpfen*

In der Koalition rumort es im Frühjahr. Helmut Schmidt, Bundesfinanzminister und stellvertretender SPD-Chef, will angeblich Kanzler werden (Der Spiegel). Willy Brandt wird als Bundespräsident ins Gespräch gebracht. Das ruft Außenminister Scheel (FDP) auf den Plan, der selbst als Nachfolger von Gustav Heinemann Präsident werden will. Brandt ist die Querelen leid. Mit Scheel vereinbart er eine Konsolidierung der Koalition. Ein Kabinettsmitglied laut Spiegel: „Der Kanzler ist jetzt im Stadium der Wut."

Ernst Maria Lang *Der Kanzler nimmt den Hut*

Nach der Enttarnung seines Referenten Günter Guilleaume als langjähriger DDR-Spion übernimmt Brandt die politische Verantwortung für diese Affäre und tritt am 6. Mai als Bundeskanzler zurück.

Der große Vorsitzende
1974–1987

Hanns Erich Köhler *„Oh wie attrapptiv!"*

Als Helmut Schmidt am 16. Mai ins Bonner Kanzleramt einzieht, sind die Zeiten härter geworden als zu Beginn der sozialliberalen Koalition. Die Folgen der Ölkrise von 1973, wirtschaftliche Rezession, immer mehr Arbeitslose und steigende Inflationsraten sagen Krisenmanagement statt Reformeifer an.

Herbert Kolfhaus *„Der Jenosse Trend? – Richtig, is hier uffjewachsen, aber längst unbekannt vazogen!"*

Am 27. Februar 1975 wird der Berliner CDU-Vorsitzende und Spitzenkandidat Peter Lorenz von der Terror-Vereinigung „Bewegung 2. Juni" entführt. Wenige Tage später – er ist noch immer verschwunden – wählen die Berliner ein neues Abgeordnetenhaus. In dieser besonderen Situation verliert die SPD 7,8 Prozent, und die CDU wird in der SPD-Domäne Berlin stärkste Fraktion. Am 5. März kommt Peter Lorenz wieder frei.

Hans Erich Köhler *„Unerhört – und das im Jahr der Frau!"*

Kanzler Helmut Schmidt hat im SPD-Präsidium – halb leidend, halb drohend – die Stirn gerunzelt ob der rüden Anpinkeleien der Jusos. Nach Vorlage einer Dokumentation durch Justizminister Hans-Jochen Vogel hat er freie Hand bekommen, die Juso-Chefin, Heidi Wieczorek-Zeul, zur Parteiräson zu bringen. „Jungsozialistische Arroganz" und „quasi-theologische Besserwisserei" lautet die Anklage. Parteichef Brandt hat eher Verständnis für den querdenkenden Nachwuchs.

1975

Hanns Erich Köhler

„Glücklich das Land, das sich drei Außenminister gleichzeitig leisten kann."

Die Bundesrepublik Deutschland hat seit dem Kanzlerwechsel im Mai 1974 drei kompetente und hoch motivierte Akteure auf dem internationalen Spielfeld: Kanzler Helmut Schmidt, Außenminister Genscher und den international geschätzten SPD-Chef Willy Brandt.

1975

Jupp Wolter *„Gewiß, Herr Breschnew, die Noten sind schon richtig, nur interpretieren Sie etwas eigenwillig!"*

Im Juli 1975 reist Willy Brandt auf Einladung Leonid Breschnews in die Sowjetunion. Es besteht Übereinstimmung, daß Berlin kein Zankapfel mehr sein sollte. Breschnew bleibt aber – wie schon bei früheren Begegnungen – vage, wenn es um militärische Elemente geht. Wert legt er auf die Feststellung, von dem DDR-Spion im Bonner Kanzleramt nichts gewußt zu haben.

Hans Erich Köhler *Luxussteuer oder: Wenn Genosse Eppler zu Besuch kommt*

Für seinen Hang zur bescheidenen Lebensführung ist der SPD-Querdenker Erhard Eppler, Landesvorsitzender in Baden-Württemberg, bekannt. Auf den unbequemen Gast stellen sich in dieser Köhler-Karikatur Willy Brandt und Helmut Schmidt ein. Herbert Wehner prägte für den praktizierenden Christen und unbeugsamen Moralisten den treffenden Begriff: Pietcong.

1975

Klaus Pielert *Deutschstunde in Mannheim*

Auf dem Parteitag der SPD in Mannheim wird bei nur zwei Gegenstimmen der „Orientierungsrahmen '85" beschlossen, der für das nächste Jahrzehnt die Weichen sozialdemokratischer Politik stellt. Willy Brandt – sein Nachfolger Helmut Schmidt hat ihm übrigens nachdrücklich vom Rücktritt abgeraten – hält dem Kanzler Helmut Schmidt nach Kräften den Rücken frei. Der Schulterschluß den „jungen Linken" ist vornehmlich sein Verdienst.

Horst Haitzinger *Wahlkampf-Familienfoto*

Die Jungsozialisten machen der Parteiführung nach wie vor zu schaffen. Nur nach außen wird Wahlkampffrieden gewahrt. Intern kracht es im Gebälk. Immer mehr gerät Bundeskanzler Helmut Schmidt ins Zentrum der Kritik der Nachwuchsorganisation.

1976

Aus: Deutsche National-Zeitung *Moskaus Trojanisches Pferd*

Im Vorfeld des Bundestagswahlkampfes werden die „Volksfront"-Vorwürfe gegen Willy Brandt neu aufgelegt. Sie kommen zunächst aus der ganz rechten Ecke und finden sich dann wieder in der zentralen Wahlkampfparole der CDU/CSU „Freiheit statt/oder Sozialismus". Während eines offiziellen Besuchs von Kanzler Helmut Schmidt im Kreml wird sogar dieser zu Hause aus den vorderen Reihen der CDU als „Trojanisches Pferd Moskaus" bezeichnet.

Jupp Wolter *„Ich bin schon etwas gewohnt, aber dagegen ist die SPD ein Auto-Scooter!"*

Am 26. November 1976 wird Willy Brandt zum Vorsitzenden der Sozialistischen Internationale (SI) gewählt. Ihr gehören zu diesem Zeitpunkt 40 Parteien an. Als Willy Brandt 1992 das Amt aufgibt, sind es 66. Hans-Jochen Vogel verliest im Berliner Reichstag sein Abschiedswort. Darin heißt es: „Vergeßt nicht: Wer Unrecht lange geschehen läßt, bahnt dem nächsten den Weg."

1977

Horst Haitzinger *„Na, der Nachwuchs wohlauf?"*

Was dem Brandt seine Jusos, sind dem Genscher seine Judos. Auch bei den Liberalen läßt sich der Parteinachwuchs nicht mehr gängeln.

Horst Haitzinger *„... Komm Karlchen, das ist kein Umgang für Dich!"*

Auf dem Juso-Bundeskongreß in Hamburg wird Klaus Uwe Benneter als Nachfolger von Heidemarie Wieczorek-Zeul zum Bundesvorsitzenden gewählt. Als Benneter in einem Interview erklärt, für die Jusos sei die Mitgliedschaft in der SPD kein Dogma, ist der Eimer voll. SPD-Bundesgeschäftsführer Egon Bahr beantragt den Ausschluß des Juso-Chefs. Am 2. Juni fliegt Benneter. Inzwischen (1992) ist er Landeskassierer der SPD in Berlin.

1977

Eckart Munz *Der Vermittlungsauftrag*

Im März 1977 übernimmt Willy Brandt den Vorsitz einer „Nord-Süd-Kommission". Unter Mitwirkung von „elder statesmen" und Experten aus Afrika, Amerika, Asien und Europa analysiert und definiert sie gemeinsame Interessen der Industrie- und Entwicklungsländer. 1985 gründet Willy Brandt die überparteiliche „Stiftung Entwicklung und Frieden" (SEF). Sie liefert Daten zur Weltentwicklung und belegt damit den Zwang zur globalen Verantwortungsgemeinschaft.

Jupp Wolter *„Du Rumtreiber! Bist du es wirklich, mein Sohn?"*

Meinungsforscher sehen im Sommer 1978 die SPD wieder vor der CDU in der Wählergunst. (46 Prozent für die SPD, 44 Prozent für die CDU.) Die SPD befinde sich im Aufschwung, versichern die Demoskopen. Der positive Trend wird mit dem hohen Ansehen von Bundeskanzler Helmut Schmidt erklärt.

Peter Leger

„So lange ich da bin, werde ich für die ganze Partei da sein", erklärt Willy Brandt beim Berliner Parteitag der SPD im Dezember 1979. Mit über 90 Prozent der Stimmen wird er als Vorsitzender von den Delegierten in seinem Amt bestätigt.

1979

Ranan R. Lurie

Für viele Zeichner im In- und Ausland gehört Willy Brandt zum karikaturfähigen Prachtpersonal. Im Jahr 1980 hat sich Brandt vor allem als Vorsitzender der Nord-Süd-Kommission für eine Neuorientierung der internationalen Entwicklungspolitik stark gemacht.

Klaus Pielert *Unterdessen auf dem Dache*
ist man tüchtig bei der Sache

Die FDP wirbt vor der Bundestagswahl 1980 gezielt um Zweitstimmen. Sie versucht zu suggerieren, daß die großen Parteien mit der Erststimme gut bedient und die Zweitstimme bei den Liberalen am besten aufgehoben sei. Mit dieser Kampagne kommt sie am 5. Oktober 1980 auf 10,6 Prozent gegenüber 7,9 Prozent vier Jahre zuvor.

Bubec *„Die Rückkehr des verlorenen Sohnes Karl"*

Karl Schiller, im ersten Kabinett Brandt Wirtschafts-, später Superminister (Wirtschaft und Finanzen), hat sich im Herbst 1972 mit seiner Partei überworfen und tritt am 24. September aus der SPD aus. Mit Ludwig Erhard (Adenauer-Nachfolger) kämpft er in einer „Aktion Soziale Marktwirtschaft" im '72er Wahlkampf gegen die SPD. 1980 tritt er in Saarbrücken wieder in die SPD ein. Oskar Lafontaine hat ihn als Berater zurückgeholt.

1980

Klaus Pielert *Die Akupunktur des Dr. Willy Brandt (frei nach Rembrandt)*

Nach wochenlangen parteiinternen Auseinandersetzungen über den weiteren Kurs der Partei redet Willy Brandt im Februar 1981 mit den Führungs-Genossen Tacheles. Wenige Tage zuvor übte er Kritik an „verfestigten Fraktionen und Gruppierungen in der SPD".

Herbert Kolfhaus *„Nich übel jerupft, wa?"*

Bei den vorgezogenen Neuwahlen zum Abgeordnetenhaus in Berlin verliert Hans-Jochen Vogel die Mehrheit der SPD. Er war erst ein halbes Jahr vorher als Nachfolger des zurückgetretenen Regierenden Bürgermeisters Dietrich Stobbe in Berlin eingeflogen. Richard von Weizsäcker (CDU) übernimmt jetzt das Ruder in Berlin.

1981

Ernst Maria Lang *Der Draht Moskau–Washington*

Bei seinem Moskau-Besuch im Juli '81 versuchte SPD-Chef Willy Brandt, den stockenden amerikanisch-sowjetischen Raketen-Verhandlungen neue Impulse zu geben.

Jupp Wolter *Der immer mit seinen Weibergeschichten*

Diese Zeichnung hätte irgendwann in Willy Brandts aktivem politischem Leben erscheinen können. Stets stand auch sein Privatleben im Scheinwerferlicht der Öffentlichkeit. Auf dieser liebevollen Zeichnung liegen seine Kritiker besonders schief.

Klaus Pielert *Brand(t)sohle*

Nach erbitterten Auseinandersetzungen der Koalitionspartner SPD und FDP um Einsparungen im Bundeshaushalt '82 äußert Willy Brandt Zweifel am Fortbestand der Regierungskoalition bis zum Ende der Legislaturperiode 1984.

1981

Horst Haitzinger *„Hier ist es zwar sehr tief, aber dafür sehr stabil."*

Im Oktober 1981 sieht Willy Brandt die SPD seit einigen Monaten in einem „eigenartig stabilen Tief". Die Schwächeperiode müsse überwunden werden, sonst stehe „die Regierungsmöglichkeit auf dem Spiel", mahnt der Parteivorsitzende.

Klaus Pielert *„Ich stehe hinter dem Kanzler!"*

Am 10. Oktober tritt Willy Brandt auf einer Kundgebung der Friedensbewegung im Bonner Hofgarten vor 300000 Menschen als Hauptredner auf. Bundeskanzler Helmut Schmidt steht den unterschiedlichen Gruppen in der Friedensbewegung recht kritisch gegenüber. Er versteht Brandts Versicherung ganz anders.

Horst Haitzinger *Taubenplage*

Die Friedensbewegung kann man so oder so sehen. Willy Brandt und Erhard Eppler (rechts) füttern die lieben Friedenstäubchen. Bundeskanzler Helmut Schmidt sieht eher eine Vogelplage. Die Viecher nisten sich in der SPD ein und versauen die Partei.

Horst Haitzinger *„Kein Grund zur Aufgeregtheit, nichts Ernstes!"*

Daß es der SPD 1981 besonders gut geht, kann niemand behaupten. Doktor Brandts Diagnose ist trotz der Kopflosigkeit mancher Parteikreise nicht ohne Hoffnung.

1981

Jupp Wolter *„Muß i denn, muß i denn zuhum Städtele hinaus . . .“*

„Der Trend ist kein Genosse mehr“, überschrieb im Oktober '81 der Spiegel einen Report über den Niedergang der SPD in den Großstädten. Wenige Tage zuvor mußten die Sozialdemokraten in ihrer ehemaligen Hochburg Hannover bei der Oberbürgermeisterwahl eine Einbuße von 10,9 Prozent hinnehmen. Im selben Jahr mußte die SPD bereits in Frankfurt und in Berlin die Rathäuser an die Union abgeben.

Walter Hanel *Die Denkmals-Schädigung – Basisarbeit am Sockel*

Die „Kanalarbeiter" — sie nennen sich ergänzend „Freunde sauberer Verhältnisse" — sind eine gestandene Truppe sozialdemokratischer Bundestagsabgeordneter, die mit den jungen Linken wenig am Hut haben. Ihnen geht Willy Brandts Annäherung an Alternative, Grüne und Friedensbewegte („Ökopaxe") auf die Nerven. Sie halten mit Helmut Schmidt diese „Öffnungspolitik" für falsch.

1981

Rudolf Schöpper *Und verwundert sieht und spricht er:*
„Zapperment! Dat Ding wird lichter!"

Bei den Landtagswahlen am 21. März 1982 in Niedersachsen verliert die SPD zahlreiche Wählerstimmen und rutscht von 42,2 auf 36,5 Prozent ab. Ministerpräsident Ernst Albrecht und CDU-Oppositionsführer Helmut Kohl freuen sich für ihre Partei über die absolute Mehrheit mit 50,7 Prozent.

Horst Haitzinger *„Ich hab 'ne Idee, wir feiern Goethe!"*

Eigentlich keinen Grund zum Feiern hat die Bonner SPD-Troika Herbert Wehner, Helmut Schmidt und Willy Brandt, als die Partei bei den Landtagswahlen in Niedersachsen herbe Verluste hinnehmen muß. Gut, daß 1982 das Goethe-Jahr ist.

1982

Fritz Wolf *Wiedererstarktes Selbstbewußtsein*

Auf dem Münchner Bundesparteitag der SPD im April rückt die Partei um Willy Brandt zusammen, nachdem sich aufgrund des von ihm initiierten NATO-Doppelbeschlusses immer mehr Sozialdemokraten von ihrem Kanzler Helmut Schmidt distanziert hatten.

1982

Ernst Maria Lang *Adam Brandt: „... vielleicht ein klitzekleines Äpfelchen – ein grünes?"*

Willy Brandt ist einer der ersten deutschen Politiker, die den Stellenwert der Umwelt in der Politik erkennen. Schon 1961 hat er gefordert: „Der Himmel über der Ruhr muß wieder blau werden!" Jetzt will er verhindern, daß die Meinungsführerschaft der SPD auf diesem Gebiet verlorengeht. Petra Kelly scheint abweisend.

Walter Hanel *Hallo, mein Prinz*

Das gleiche Thema – ein anderes Bild

1982

1982

Jupp Wolter *„Weißt du, Eppler, vielleicht sind sie doch nicht ganz das, was man Busenfreunde nennt!"*

Für eine stärkere Integration von Ökologie- und Friedensbewegung in die SPD macht sich Parteivorstandsmitglied Erhard Eppler stark. In der SPD wird jedoch befürchtet, daß Grüne und Bunte der Partei Wählerstimmen abnehmen. Willy Brandt im Juli 1982: „Grüne, Bunte oder alternative Parteien und Listen sind schon deshalb unsere Gegner, weil sie im Endeffekt, was immer sie auch sonst wollen, einen CDU/CSU-Staat fördern würden."

Gabor Benedek *Der Koalitionsblick*

Risse in der sozialliberalen Koalition werden sichtbar. Die Parteivorsitzenden Willy Brandt und Hans-Dietrich Genscher schielen nach neuen Partnern.

1982

Klaus Pielert *Der gute Hirte*

Zwei Tage vor dem konstruktiven Mißtrauensvotum gegen Bundeskanzler Helmut Schmidt legt FDP-Generalsekretär Günter Verheugen sein Amt nieder und verläßt die Partei. Am 7. November folgt Ingrid Matthäus-Maier. Wenige Tage danach wechselt der ehemalige Staatssekretär im Innenministerium, Andreas von Schoeler (FDP), zur SPD, die inzwischen mit Hilfe der FDP in die Opposition gedrängt worden ist.

Walter Hanel *Graf Dracula*

Der „Marktgraf" schießt mit Tinte auf den langjährigen Koalitionspartner. Das „Lambsdorff-Papier" signalisiert im September 1982 die Scheidung. Die wirtschafts- und sozialpolitischen Vorstellungen des mit am Kabinettstisch sitzenden FDP-Ministers sind für die Sozialdemokraten inakzeptabel. Das Ende der Koalition naht.

Ernst Heidemann *„Genossen! Mit dem sind wir unschlagbar!"*

Am 17. Dezember stellt Helmut Kohl die Vertrauensfrage im Bundestag, die er – wie mit der CDU/CSU-Fraktion abgesprochen – verliert. Neuwahlen! Eine Woche vorher lief in den deutschen Kinos der Filmhit „E.T." von Steven Spielberg an. Der Außerirdische wird zum Liebling der Nation. Am 21. Januar 1983 wählt der SPD-Sonderparteitag dann aber doch Hans-Jochen Vogel zum Kanzlerkandidaten für die Wahl am 6. März.

1982

Jupp Wolter *„Also ehrlich, wenn ich so an den Rucksack denke ...*

Nach der verlorenen Bundestagswahl vom 6. März 1983 ist die SPD von der Last der Regierungsbürde befreit. Willy Brandt fordert seine Partei auf, sich „geistig-politisch" auf die 90er Jahre einzustellen. Als Parteivorsitzender gewinnt Brandt wieder mehr Bedeutung, weil der Einfluß von Ex-Kanzler Helmut Schmidt zurückgeht.

1983

1983

Klaus Pielert *„Ob der Oskar heute still wohl bei Tische sitzen will?"*

Der saarländische SPD-Chef Oskar Lafontaine befindet sich landespolitisch im Aufwind und sucht bundespolitisches Profil. Auf einem Juso-Kongreß stellt er die NATO-Mitgliedschaft der Bundesrepublik zur Debatte. Die mit dem sogenannten Nato-Doppelbeschluß verbundene Stationierung neuer amerikanischer Raketen auf deutschem Boden nennt er eine „Option auf den eigenen Selbstmord". Hans-Jochen Vogel ist unwirsch. Übervater Brandt beläßt es bei einem kritisch-prüfenden Blick.

Jupp Wolter

An der Nachrüstung scheiden sich die Geister der SPD. Für die Stationierung neuer amerikanischer Raketen in der Bundesrepublik bekam Helmut Schmidt beim Parteitag 1979 in Berlin noch eine gute Mehrheit. Willy Brandt hatte ihm dabei den Rücken freigehalten. Vier Jahre später stimmen mit Ex-Kanzler Schmidt nur noch 13 Getreue – von Dr. Hans Apel bis Hans-Jürgen Wischnewski – für die Nachrüstung. Der Kurswechsel wird als Meisterleistung von Brandt gewertet.

1983

Walter Hanel

Bei der großen Kundgebung der Friedensbewegung im Oktober 1983 in Bonn macht Willy Brandt seine ablehnende Haltung zum Nato-Doppelbeschluß deutlich. Einen Monat später, beim SPD-Sonderparteitag in Köln, kritisiert er die von Ex-Kanzler Helmut Schmidt verfolgte Sicherheitspolitik und führt die Partei zu einem eindeutigen „Nein" gegen die Nachrüstungspolitik.

Klaus Pielert *Marmor, Stein und Eisen bricht…*

Die Ära eines in der Geschichte der SPD einmaligen Triumvirats geht zu Ende. Auf dem Parteitag in Münster (Mai) wird Helmut Schmidt als Parteivize verabschiedet. Herbert Wehner hat schon im Januar 1983 auf eine nochmalige Kandidatur für den Bundestag verzichtet. Sein Nachfolger als Vorsitzender der SPD-Bundestagsfraktion wird Dr. Hans-Jochen Vogel. Der seit 20 Jahren amtierende Parteivorsitzende Willy Brandt hat Schmidt und Wehner politisch überlebt.

Jupp Wolter *Die Troika ist wieder komplett*

„Troika" ist ein Dreigespann: drei Pferde nebeneinander, wobei das Stangenpferd im Trab, die Seitenpferde im Galopp gehen. Insofern ist der Begriff für die SPD-Spitze nicht ganz zutreffend. Der Karikaturist sieht das Problem im November 1983 gelöst: Herbert Wehner und Helmut Schmidt haben die Kommandobrücke von Partei und Fraktion verlassen.

Klaus Pielert *Das einigende Band*

Auf dem 17. Parteitag, den Willy Brandt als SPD-Chef leitet, wird er im Mai 1984 in Essen in seinem Amt mit überwältigender Mehrheit bestätigt.

1984

Herbert Kolfhaus *„Wat – schon wieda eener aus der Ersatzreserve?"*

Am 8. März erklärt Harry Ristock seinen Verzicht auf die Spitzenkandidatur der SPD bei den Wahlen zum Berliner Abgeordnetenhaus im März 1985. Als Nachfolger springt der frühere Bundesverteidigungs- und -finanzminister Hans Apel ein. Drei Jahre vorher hatte der Westimport Hans-Jochen Vogel in Berlin den Ausputzer spielen müssen, als Dietrich Stobbe als Regierender Bürgermeister zurückgetreten war.

Jupp Wolter *Gute Fahrt, Holger – mit der Mehrheit links von der Mitte!"*

Das Modell für eine „Mehrheit links von der Mitte" ist auf den Weg gebracht. Am 19. Mai 1984 beschließt eine Landesversammlung der Grünen in Hessen die Tolerierung einer Minderheitsregierung unter dem Ministerpräsidenten Holger Börner. Er steht seit der gewonnenen Landtagswahl im September 1983 einem geschäftsführenden Kabinett vor. Mit den Stimmen von SPD und Grünen wird Börner zum Ministerpräsidenten gewählt.

1984

Walter Hanel *„Er sieht leider immer noch nicht wie ein Prinzgemahl aus, Schwesterchen!"*

Mangelndes Profil und Perspektivlosigkeit der Grünen stehen für Willy Brandt und Hans-Jochen Vogel einer engeren Kooperation mit der Umweltpartei entgegen.

Horst Haitzinger *„Hiiilfe, die wollen uns zu Prinzen machen!"*

Das Angebot des saarländischen SPD-Spitzenkandidaten Oskar Lafontaine an die Grünen, im Falle eines Wahlsieges eine Koalition zu bilden, wird von den Grünen heftig zurückgewiesen.

1984

Horst Haitzinger *„Ich meine, auf unterer Ebene könnten wir uns mit ihm einlassen."*

Mit Interesse verfolgt die SPD den Hamburger Parteitag der Grünen im Dezember 1984. Der Beschluß des Parteitages, die Entscheidung über ein Zusammengehen mit der SPD auf die unteren Ebenen von Ländern und Gemeinden zu verlagern, wird in der SPD-Führung „nicht negativ" gewertet.

Walter Hanel

Eine Zeichnung unmittelbar vor den Landtagswahlen im Saarland, der Wahl zum Berliner Abgeordnetenhaus und den Kommunalwahlen in Hessen, die alle am 10. März stattfinden. Die Meinungsumfragen sehen die SPD unter der 40-Prozent-Marke. In Berlin werden die Demoskopen bestätigt: SPD 32,4 Prozent; im Saarland werden sie widerlegt: SPD 49,2 Prozent.

1985

Walter Hanel *Die Frühjahrskollektion*

Viermal Willy Brandt auf dem Laufsteg: Als Ökonom, Ökologe, Friedensstifter in der Partei und als Außenpolitiker. Anlaß der Hanel-Karikatur ist ein SPD-Fachkongreß im März 1985, bei dem Brandt arbeitsplatzschaffende Umweltmaßnahmen fordert. Im gleichen Monat kündigt der Parteivorsitzende an, daß er im Frühsommer mit dem sowjetischen Parteichef Michail Gorbatschow und dem amerikanischen Präsidenten Ronald Reagan zusammentreffen werde.

Klaus Pielert *Schon faßt einer, der voran, Onkel Willys Nase an …*

Die Grünen sind stark im Kommen. Bei den Kommunalwahlen in Hessen am 10. März 1985 kann die Umweltpartei zu Lasten der SPD Stimmgewinne verbuchen. Ähnliche Trends werden für die Landtagswahl in Nordrhein-Westfalen am 12. Mai erwartet.

Jupp Wolter *„Da hab ich ihn wieder erwischt, wie er bolschewistische Parolen schmiert!"*

„Nie wieder Krieg" ist das Motto einer SPD-Veranstaltung zum 40. Jahrestag des Kriegsendes in Nürnberg. Dazu sind auch Repräsentanten von Städten – auch aus Osteuropa – eingeladen, die im Zweiten Weltkrieg besonders gelitten haben. Dies veranlaßt CDU-Generalsekretär Heiner Geißler, den Sozialdemokraten vorzuwerfen, sie dienten den Interessen der Sowjetunion. Willy Brandt nennt ihn den schlimmsten Hetzer seit Goebbels.

Horst Haitzinger *„Willy, sofort gibst du dem Heiner seine Dreckschleuder wieder!"*

Heiner Geißlers Methoden nennt Willy Brandt im Bundestag eine „Form von moralischer Vernichtung". Er hat dabei Geißlers Satz im Visier, der Pazifismus der 30er Jahre habe Auschwitz erst möglich gemacht. Und er denkt an die im Bundestagswahlkampf 1980 auf führende Sozialdemokraten gemünzten Begriffe „Fünfte Kolonne" und „Moskau-Fraktion". Brandt ist verbittert, daß der CDU-Vorsitzende Kohl Geißler gewähren läßt und schlägt zurück.

Horst Busse *Liebesgrüße aus Moskau*

Am 26. Mai 1985 treffen Willy Brandt und Björn Engholm zu Gesprächen über Abrüstungsfragen in Moskau ein. Mit Michail Gorbatschow gibt es Übereinstimmung in der Ablehnung der auf eine Militarisierung des Weltraums hinauslaufenden „strategischen Verteidigungsinitiative" (SDI) des US-Präsidenten Ronald Reagan. Der hatte im Gegensatz zu seinem Pendant in Moskau auf ein Treffen mit dem Vorsitzenden von SPD und SI verzichtet.

1985

Loredano

Familienbild. Willy Brandt mit seinen Enkeln Björn Engholm, Gerhard Schröder und Oskar Lafontaine.

Fritz Wolf

Willy Brandt bei Erich Honecker in Ostberlin. Der SPD-Vorsitzende wird gründlich vor der Bevölkerung abgeschirmt. Beim Besuch des Museums für Deutsche Geschichte Unter den Linden müssen linientreue DDR-Genossen als Statisten herhalten. Andere Besucher haben keinen Zutritt. Bei der Weiterfahrt kommt es in Weimar zu einigen flüchtigen Kontakten mit DDR-Bürgern.

1985

Markus *„Du mußt ein bißchen Verständnis dafür haben, Brigitte – das ist das neue WIR-Gefühl bei der SPD!"*

Nach absoluten Mehrheiten bei den Landtagswahlen im Saarland und in Nordrhein-Westfalen und einer stark ausstrahlenden Veranstaltung zum 40. Jahrestag des Kriegsendes in Nürnberg haben auch die ersten Ergebnisse ihrer Programmkommission unter Leitung von Willy Brandt der SPD wieder Auftrieb gegeben. „Es macht wieder Lust, Sozialdemokrat zu sein", meldet der VORWÄRTS.

1985

Jupp Wolter *„Du bist doch bibelfest, Bruder Johannes; wie hat Moses das denn damals gemacht am Roten Meer?"*

Im Frühjahr 1985 hatte die SPD unter Johannes Rau in Nordrhein-Westfalen einen triumphalen Wahlsieg bei der Landtagswahl errungen. Wird die SPD auch in der Lage sein, südlich des Mains, in Bayern und in Baden-Württemberg, die Bastionen der Union zu stürmen? Im September 1985 nannte es der damalige SPD-Vorsitzende Willy Brandt als Ziel seiner Partei, bei den bayerischen Landtagswahlen '86 die Übermacht der CSU zu brechen.

Dieter Hanitzsch

Günter Wallraff hat als Türke Ali verkleidet Erfahrungen über Lebens- und Arbeitsverhältnisse der Gastarbeiter gesammelt. Sein Buch „Ganz unten" wird binnen Wochen zum Bestseller. Auch im Gerlingkonzern und bei BILD hat er unter falscher Identität schon zugeschlagen. Taucht er demnächst auch im SPD-Vorstand auf?

1985

Walter Hanel *Willy – unser Tausendsassa!*

Zwar mit Anstrengung, aber nicht beunruhigt – das zeigt hier die Körpersprache von Willy Brandt – überbrückt der Vorsitzende die verschiedenen Strömungen innerhalb der SPD. Mit Gelassenheit hält er auch weiterhin den Kurs.

Horst Haitzinger *„Ich fürchte, wir müssen selber ziehen!"*

In der SPD-Spitze herrscht Unsicherheit über den Wert der Grünen als möglichen Koalitionspartner.

Ernst Maria Lang *„Möchten Sie nicht diese Maske abnehmen, Mr. Botha?"*

Im April 1986 besucht Willy Brandt Südafrika. Nach der Rückkehr gibt er angewidert zu Protokoll: „Die Versöhnung zwischen weißer Minderheit und schwarzer bzw. farbiger Mehrheit ist mit der jetzigen Regierungspolitik unerreichbar, weil die Regierung Botha zu einem fundamentalen Wandel der menschenunwürdigen Apartheid-Gesellschaft offensichtlich nicht bereit ist."

Klaus Pielert *„Zweimal, das reicht!"*

Herabsetzende Veröffentlichungen mit sozialdemokratischen Absendern verletzen Helmut Schmidt. Oskar Lafontaine bescheinigte ihm in einem Illustrierten-Gespräch „Sekundärtugenden", mit denen „man auch ein KZ betreiben kann". Im „VORWÄRTS" wird er mit einer „Blutspur" in Verbindung gebracht, die vom Mord an Rosa Luxemburg bis nach Stammheim reiche. Helmut Schmidt wendet sich mit einer „ernsten Klarstellung" öffentlich an Willy Brandt.

Klaus Böhle *Saitenverkehrt*

Im August 1986 kommen rund 15000 junge Menschen zu einem Antiatom-Konzert zugunsten der Opfer von Tschernobyl auf die Loreley. Udo Lindenberg, Peter Maffay und Heinz Rudolf Kunze treten auf. Willy Brandt und Rudolf Scharping sind mit dabei. Brandt bekennt, daß er sich vor Jahren selbst guten Gewissens auf die friedliche Nutzung der Kernenergie eingelassen habe und ergänzt: „Ich möchte bezeugen, daß es Politiker gibt, die fähig sind, dazuzulernen."

1986

Walter Hanel *„Ich weiß nicht – irgend etwas stört mich an unserem neuen Kanzlerkandidaten, Johannes"*

„Versöhnen statt spalten!" lautet die zentrale Botschaft, mit der „Bruder Johannes" die absolute Mehrheit bei der Bundestagswahl im Januar 1986 holen will. Damit liegt er eigentlich auf der Wellenlänge von Willy Brandt. Als dieser jedoch die „wackelige Mehrheitsstrategie" Raus öffentlich kritisiert und nachlegt, daß 43 Prozent für die SPD ja auch ein ganz schönes Ergebnis wären, da hängt der Haussegen schief. Krach zwischen der Düsseldorfer Wahlkampfcrew und der Bonner SPD-Baracke.

Dieter Hanitzsch *Winterwahlkampf*

Im Dezember beschließt der SPD-Vorstand einstimmig: „Johannes Rau soll Bundeskanzler werden!" Er muß in einem besonders harten Winter kämpfen, bei 30 Grad minus in Bayern und meterhohen Schneeverwehungen in Hessen und Niedersachsen. Gegen die politischen Ausläufer des Neue-Heimat-Skandals, der den Sozialdemokraten den Bundestagswahlkampf verhagelt, ist kaum anzukommen.

1986

Ernst Heidemann *Nachfolger-Suche*

Im Dezember 1986 kündigt Willy Brandt an, daß er 1988 den Parteivorsitz abgeben werde. In der Partei und der Öffentlichkeit beginnt die Nachfolger-Diskussion.

Abschied
1987–1992

Ernst Maria Lang

Der Vorschlag Brandts, Margarita Mathiopoulos, eine junge Intellektuelle griechischer Abstammung ohne SPD-Parteibuch, zur Pressesprecherin der SPD zu machen, stößt auf heftigen Widerstand in der SPD. Brandt zieht die Konsequenzen.

Rainer Hachfeld *Der Lotse geht von Bord*

Eine der bekanntesten Karikaturen zur deutschen Politik wird hier kopiert. Der englische Karikaturist John Tenniels veröffentlichte am 23. März 1890 (Bismarck verläßt die Brücke) die Zeichnung „Dropping the Pilot" (Der Lotse geht von Bord) in der satirischen Zeitschrift PUNCH. Fast hundert Jahre später (1982) veröffentlicht der „Spiegel" anläßlich des Sturzes von Helmut Schmidt eine ähnliche Karikatur. Zum Rücktritt von Willy Brandt vom Parteivorsitz 1987 kopiert Rainer Hachfeld das PUNCH-Bild.

Horst Haitzinger *Bitte, da habt ihr meinen Führerschein*

Am 23. März 1987 legt Willy Brandt nach über 20 Jahren in diesem Amt den Parteivorsitz nieder. Gerne hätte er dies erst nach einem Vierteljahrhundert getan. Doch beim konkreten Anlaß der gescheiterten Berufung einer Pressesprecherin für den SPD-Vorstand spürt er, „daß die Decke des Vertrauens sehr dünn geworden war".

1987

Klaus Pielert *Erloschener Vulkan*

Mit diesem originellen grafischen Aperçu unterstellt der Zeichner Verlust an Vitalität und Verzicht auf weitere Wahrnehmung der politischen Rolle, die Willy Brandt seit 30 Jahren in der deutschen und internationalen Politik innehatte. Das erweist sich als Gerücht. Für die Zeit ab 1988 heißt es in Brandts Munzinger-Biographie: „Sein internationales Renommee gab Brandts außenpolitischen Aktivitäten immer wieder besonderes Gewicht."

Fritz Wolf *„Nun hat Willy auch seine Rente durch, Helmut"*

Helmut Schmidt war am 1. Oktober 1982 durch ein konstruktives Mißtrauensvotum gestürzt worden und hat sich von der Bonner Politik zurückgezogen. Herbert Wehner hat den Fraktionsvorsitz an Hans-Jochen Vogel abgegeben. Als letzter der Troika hat Willy Brandt sein Spitzenamt in der SPD niedergelegt.

Ironimus *Stabübergabe*

Was Hans-Jochen Vogel von seinem Vormann Willy Brandt übernimmt, ist dornenreich. Willy Brandts Rücktritt hat die SPD in ein Tief gestürzt. Vogel hat schwere Aufgaben vor sich.

Horst Haitzinger *„Also, Vogel, mit Parteiflügeln bist Du versorgt, jetzt flieg!"*

Auf einem Sonderparteitag der SPD am 14. Juni 1987 in Bonn wird Dr. Hans-Jochen Vogel auf Vorschlag von Willy Brandt zum neuen Parteivorsitzenden gewählt. Seit Erich Ollenhauers Tod im Dezember 1963 gibt es erstmals wieder eine Personalunion im Vorsitz der Partei und ihrer Bundestagsfraktion.

Klaus Pielert *Kostümprobe*

In seinen „Erinnerungen" schreibt Willy Brandt: „Die formelle Verabschiedung ging in einem außerordentlichen Parteitag, Mitte Juni 1987, in der Bonner Beethovenhalle vor sich ... Ich wurde Ehrenvorsitzender und gelobte, mir noch mehr als den anderen, davon sehr behutsamen Gebrauch zu machen ... Der Abschied war mir leichtgefallen. Müßiggang war auch hernach nicht zu genießen und wollte auch nicht genossen sein."

Horst Haitzinger *Der Homunkulus*

Nach der verlorenen Bundestagswahl am 25. Januar ist Oskar Lafontaine der Favorit als möglicher Nachfolger Willy Brandts im Amt des SPD-Vorsitzenden.

1987

Romulus Candea *„Schwestern, zur Sonne, zur Freiheit . . ."*

Der SPD-Parteitag in Münster beschließt im Herbst die Quotenregelung. Dahinter verbirgt sich die Verpflichtung der SPD, ab sofort auf allen Ebenen der Partei die Führungsgremien mit mindestens einem Drittel Frauen zu besetzen.

Ernst Pielert *Der lange Abschied*

Im April 1989 erscheint die letzte Ausgabe der sozialdemokratischen Wochenzeitung „Vorwärts". 113 Jahre nach seiner Gründung mußte das Blatt nach monatelangen parteiinternen Querelen aus Kostengründen eingestellt werden.

LUFF (Rolf Henn) *„Nicht gerade der letzte Schrei, aber sowas kommt nun mal gut an."*

Willy Brandt wird beim Parteitag der DDR-SPD zum Ehrenvorsitzenden ernannt. Beim Wahlkampf dient Brandt als Gallionsfigur und Aushängeschild sozialdemokratischer Politik. Unten rechts Hans-Jochen Vogel und der Vorsitzende der DDR-SPD Ibrahim Böhme.

1990

Dieter Hanitzsch *Die sechs heiligen drei Könige*

Die Union startet schneller und ohne Selbstzweifel ihre Aktionen in der DDR. Die CDU gemeinsam mit der alten Ost-CDU, die CSU mit der schnell zusammengestrickten Deutschen Sozialen Union (DSU). Während der Berliner SPD-Parteitag die unterschiedlichen Meinungen der SPD über das „Wie" der Vereinigung nicht beseitigen kann, wird Kohl bereits von Tausenden in Dresden umjubelt. Die SPD hat an Meinungsführerschaft verloren.

1990

Felix Mussil

Am 9. November 1990 kehrt Willy Brandt mit 175 Geiseln aus elf Ländern aus dem Irak nach Deutschland zurück. Fünf Tage verhandelte er in Bagdad über die Freilassung möglichst vieler Geiseln. Präsident Saddam Hussein will weniger halten, als er versprochen hat. Es sind demütigende Stunden für Willy Brandt, und es kostet ihn Überwindung, dem Diktator die Hand zu geben. „Mir wäre es die Mühe wert gewesen, wenn sie nur einem einzelnen gegolten hätte", sagt er später.

Jupp Wolter *„Nun strengt mal Euren Kopf ein bißchen an – das sagt Willy so leicht . . .“*

Nach der verlorenen Bundestagswahl vom 2. Dezember 1990 gerät die SPD in eine Führungskrise. Hans-Jochen Vogel entschließt sich, den Parteivorsitz im nächsten Frühjahr abzugeben. Bei einer Vorstandssitzung fällt Brandt zudem ein kritisches Urteil über den Wahlkampf seiner Partei.

Rudolf Schöpper *„... und immer hübsch gleichmäßig mit den Flügeln!"*

Auf dem Parteitag der SPD in Bremen wird Björn Engholm am 29. Mai 1991 zum neuen Vorsitzenden der SPD gewählt. Brandt hatte sich für Engholm als Nachfolger von Hans-Jochen Vogel ausgesprochen. „Ich hoffe", so Willy Brandt, „die Partei läßt ihrem Mann den Raum, den er braucht, um neu gestalten zu können."

Jürgen Tomicek *„Noch einen Tip zum Abschied, Björn ..."*

Mit Björn Engholm tritt erstmals ein „Enkel" direkt in die Fußstapfen des Großen Vorsitzenden. Hans-Jochen Vogel weiß, wovon er spricht, wenn er aus Erfahrung seinem Nachfolger einen guten Rat gibt.

1991

Walter Hanel

Mit Willy Brandt, Hans-Jochen Vogel und Richard von Weizäcker machen sich gleich drei ehemalige Regierende Bürgermeister von Berlin für die Verlegung von Regierungs- und Parlamentssitz in die alte und neue Hauptstadt stark. Willy Brandt: „Berlin, in schweren Jahren Vorposten der Freiheit, hat es nicht verdient, mit einem Ehrentitel abgespeist zu werden."

Ernst Maria Lang *Willy Brandts Kniefall – ein Start in die deutsch-polnische Aussöhnung*

Am 17. Juni 1991 unterzeichnen Bundeskanzler Helmut Kohl und der polnische Ministerpräsident Krzysztof Bielecki den deutsch-polnischen Vertrag über gute Nachbarschaft und freundschaftliche Zusammenarbeit. Am 7. Dezember 1970 hatte Willy Brandt in Warschau den Vertrag über die Normalisierung der Beziehungen zwischen der Bundesrepublik Deutschland und der Volksrepublik Polen unterschrieben. Der Anfang der Normalisierung ist durch den Kniefall Willy Brandts am Ehrenmal im Ghetto von Warschau mit historischer Symbolkraft markiert.

Burkhard Mohr *„Wenn wir schreiten Seit' an Seit'..."*

Die Zeiten, in denen Sozialdemokraten vom Kreml als Sozialfaschisten verunglimpft wurden, sind vorbei. Michail Gorbatschow bezieht sich mehrfach auf die Sozialistische Internationale und wirbt dort um Verständnis und Vertrauen. Wenn es auch nicht zu einem Aufnahmeantrag der KPdSU in die SI kommt, deren Präsident Willy Brandt seit 1976 ist – Stalin, Marx und Lenin raufen sich im Jenseits die Haare ob der Annäherung. Im September 1992 ist Gorbatschow Gast beim Kongreß der SI in Berlin, den Willy Brandt nicht mehr besuchen kann.

Ernst Maria Lang *Durchs Brandenburger Tor: „Da geht's in die Geschichte, Willy ..."*

Am 8. Oktober 1992 stirbt Willy Brandt in seinem Haus in Unkel. Trauer geht um die Welt. Bei einem Staatsakt im Deutschen Reichstag nehmen am 17. Oktober führende Staatsmänner und Politiker aus zahlreichen Ländern, Weggefährten und Freunde Abschied. Tausende Berliner säumen die Straßen zum Friedhof. Dort findet Willy Brandt neben Ernst Reuter seine letzte Ruhestätte auf dem Zehlendorfer Waldfriedhof. Nach seinem Willen steht auf dem Grabstein der Satz: „Man hat sich bemüht."

1992

Willy Brandt: Sein Leben

1913 Am 18. Dezember in Lübeck als Herbert Ernst Karl Frahm geboren.

1929 Im Alter von 16 Jahren Eintritt in die Sozialdemokratische Partei.
Mitarbeiter beim „Lübecker Volksboten" unter Chefredakteur Julius Leber (später Reichstagsabgeordneter und als Widerstandskämpfer von den Nazis ermordet), der eines von Willy Brandts Leitbildern wurde.

1931 Wechsel zur SAP (Sozialistische Arbeiterpartei, einer linken Abspaltung der SPD).

1932 Abitur am Lübecker Johanneum-Reformgymnasium.

1933 Nach der Machtergreifung der NSDAP zunächst Flucht nach Kopenhagen, dann Emigration nach Oslo unter dem Namen Willy Brandt.

1936 Beteiligung an Heinrich Manns Bemühungen um eine Deutsche Volksfront gegen Hitler. In der zweiten Jahreshälfte getarnter Aufenthalt in Berlin.

1937 Pressekorrespondent im spanischen Bürgerkrieg auf republikanischer Seite.

1938 Ausbürgerung durch die Nazis und Annahme der norwegischen Staatsbürgerschaft.

1940 Als angeblicher „norwegischer Soldat" von deutschen Truppen gefangengenommen. Flucht nach Schweden.

1941 Unter dem Decknamen Felix Franke journalistische und politische Tätigkeit in Stockholm (bis 1945). In der „kleinen Internationale" Zusammenarbeit u. a. mit Bruno Kreisky.

1945 Korrespondent skandinavischer Zeitungen in Deutschland. Berichterstatter vom Nürnberger Hauptkriegsverbrecherprozeß.

1947 Presseattaché an der Norwegischen Militärmission in Berlin. In Schleswig-Holstein Wiedereinbürgerung unter dem Namen Willy Brandt.

1948 Vertretung des SPD-Vorstands in Berlin (und bei den alliierten Kontrollbehörden),

1949 Berliner Abgeordneter im 1. Deutschen Bundestag.

1950 Mitglied des Berliner Abgeordnetenhauses.

1954 Stellvertretender Vorsitzender der Berliner SPD, ab 1958 Landesvorsitzender.

1955 Präsident des Berliner Abgeordnetenhauses.

1957 Wahl zum Regierenden Bürgermeister von Berlin.

1958 Mitglied des SPD-Bundesvorstands.

1961 Kanzlerkandidat der SPD.

1964 Wahl zum Vorsitzenden der SPD als Nachfolger von Erich Ollenhauer.

1965 Erneute Kanzlerkandidatur für die SPD.

1966 Vizekanzler und Außenminister in der Großen Koalition

1969 Wahl zum Bundeskanzler einer SPD/FDP-Koalitionsregierung. Einleitung der Ostpolitik.

1970 Gewaltverzichtsabkommen mit der Sowjetunion (Moskauer Vertrag). Normalisierungsvertrag mit Polen (Warschauer Vertrag) – Kniefall vor dem Ehrenmal im Warschauer Ghetto. Treffen mit DDR-Ministerpräsident Stoph in Erfurt und Kassel.

1971 Verleihung des Friedensnobelpreises in Oslo.

1972 Unterzeichnung des Grundlagenvertrages mit der DDR. 17. Mai Ratifizierung der Ostverträge im Bundestag. Im April scheitert ein konstruktives Mißtrauensvotum der CDU/CSU-Opposition unter Rainer Barzel. Bei den Neuwahlen am 19. November wird die SPD stärkste Partei im Bundestag.

1973 Als erster deutscher Bundeskanzler spricht Willy Brandt vor den Vereinten Nationen in New York. Erste Reise eines deutschen Bundeskanzlers nach Israel. Unterzeichnung des Normalisierungsvertrages mit der ČSSR in Prag.

1974 Rücktritt vom Amt des Bundeskanzlers nach der Spionage-Affäre um den Kanzleramtsreferenten Guillaume.

1976 Wahl zum Präsidenten der Sozialistischen Internationale in Genf.

1977 Wahl zum Vorsitzenden der Nord-Süd-Kommission auf Vorschlag des Weltbankpräsidenten McNamara.

1979 Wahl ins Europäische Parlament.

1981 Rede auf einer Kundgebung der Friedensbewegung im Bonner Hofgarten vor 300000 Menschen.

1983 Erneute Rede bei einer großen Friedenskundgebung in Bonn. Nein zur Nachrüstung.

1984 Reisen nach China und Lateinamerika.

1987 Rücktritt als Vorsitzender der SPD, Ehrenvorsitzender der SPD in der Bundesrepublik.

1990 Ehrenvorsitzender der Sozialdemokratischen Partei der DDR. Erfolgreiche Mission in den Irak zur Befreiung der dort festgehaltenen Geiseln.
Am 20. Dezember eröffnet Willy Brandt als Alterspräsident die konstituierende Sitzung des ersten gesamtdeutschen Bundestages im Reichstag in Berlin.

1991 Operation in der Kölner Universitätsklinik.

1992 Im Mai erneute Operation. Verzicht auf Wiederwahl als Präsident der Sozialistischen Internationale. Am 8. Oktober stirbt Willy Brandt in seinem Haus in Unkel bei Bonn.

Die Karikaturisten

Fritz Behrendt, geb. 1925 in Berlin. Lebt in Amstelveen bei Amsterdam/Niederlande. Amsterdamer Kunstgewerbeschule, Akademie Zagreb. Mitarbeit bei „Algemeen Handelsblad", „Die Welt", „Die Weltwoche", „New York Harold Tribune", „Time Magazine", „Punch", „Berlingske Tidende", „Het Parool", „Aftenposten", „Der Tagesspiegel", „Svenska Dagbladet", „Illustrierte Kronenzeitung", „Hamburger Abendblatt", „De Nieuwe Gazet", „I Kathimerine". Bücher: „Helden und andere Leute" (1975), „Vorwärts ins Jahr 2000" (1981). 1985: „International Award for Editorial Cartoons".

Gabor Benedek, geb. 1938 in Budapest. Studium in Budapest und München. Lebt als selbständiger Architekt in München. Politische und Sport-Karikaturen in „Süddeutsche Zeitung" und „Hannoversche Allgemeine Zeitung".

Klaus Böhle, geb. 1925 in Wuppertal. Autor und Illustrator („Die Welt") in Bonn.

Bernd Bruns, geb. 1935 in Westfalen. Zeichnet in Essen für „Neue Ruhrzeitung", „Aachener Volkszeitung", „Der Tagesspiegel", „Kieler Nachrichten", „Rheinzeitung", „Der Spiegel".

Bubec (Lutz Backes), geb. 1938 in Mannheim, lebt in Ladenburg. Zeichnet seit 1979 für „Handelsblatt", vorher für eine Reihe von Zeitungen in Deutschland und weiteren 30 Ländern u.a. für „Time Magazine", „Newsweek", „New York Times", „Washington Post", „Punch", „Paris Match", „Szpilki", „Nebelspalter".

Horst Busse, geb. 1924 in Elbing/Ostpreußen. Hauszeichner der Rhein-Neckar-Zeitung in Heidelberg. Textet auch für Kabarett und Rundfunk, Theater, Buchillustrationen.

Romulus Candea, geb. 1922 in Temesvar/Rumänien. Maler, Zeichner und Illustrator in Düsseldorf. Zeichnet für „Rheinische Post". Bücher: Drei Karikaturenbände, Buchillustrationen.

Michael Cummings, geb. 1919 in London. Zeichnet seit 1952 für den „Daily Express", „Sunday Express", „Candide", „Paris Match", „Der Spiegel".

Rudolf Donath, geb. 1921 in Kolberg. Gebrauchsgrafiker und Karikaturist in Düsseldorf. Veröffentlichungen in Zeitungen, Zeitschriften, Büchern.

Loredano Cassio Silva Filho, geb. 1948 in Rio de Janeiro. Seit 1967 Journalist in São Paulo, ab 1972 Pressezeichner für Tages- und Wochenzeitungen in Rio. 1977 in Europa u.a. für „Münchner Merkur", „Stuttgarter Zeitung", „Zeit", „Christ und Welt", „Vorwärts" und „FAZ". Seit 1983 wieder in Brasilien.

Hans-Joachim Gerboth, geb. 1926 in Halle. Pressezeichner in Brühl. „Kölnische Rundschau". Verschiedene Buchveröffentlichungen.

Rainer Hachfeld, geb. 1939 in Ludwigshafen. Trickfilmzeichner und Bühnenbildner in Berlin. Seit 1965 Karikaturist und Journalist. Seit 1968 auch Autor und Bühnenbildner für Kindertheater und Kabarett. Bücher: (u.a.) „Der Struwwelpeter neu frisiert" (1969) „Bananen und Kanonen" (1979), „Die IG Metall/kleine Bildergeschichte einer großen Gewerkschaft" (1991).

Horst Haitzinger, geb. 1939 in Linz. Kunstgewerbeschule Linz, Akademie der bildenden Künste München, seit 1958 Zeichnungen für „Simplicissimus". Zeichnet für „tz" (München), „Nebelspalter", „Express", „Bunte", „Der Spiegel", „Playboy" u.a.; zahlreiche Buchveröffentlichungen: „Bonnoptikum" 1 und 2, „Bonnzen-Album" (1987), „Archetypen", „Erinnerungen in Karikaturen an Franz Josef Strauß" (1988). Jährlich erscheint ein Sammelband seiner Karikaturen.

Walter Hanel, geb. 1930 in Teplitz-Schönau/Tschechoslowakei. Lebt in Bergisch Gladbach. Zeichnete für „Simplicissimus", „Pardon" und „DM", heute für „Kölner Stadtanzeiger", „Frankfurter Allgemeine", „Hannoversche Allgemeine", Rheinischer Merkur" u.a. Bücher: „Hanels Kabinettstückchen" (seit 1983 jährlich) und „Commedia dell'arte" (1988).

Dieter Hanitzsch, geb. 1933 in Böhmen. Gelernter Bierbrauer, Diplomkaufmann und Wirtschaftsjournalist. Zeitungen: „Quick", „Abendzeitung", „Süddeutsche Zeitung". Zahlreiche Buchveröffentlichungen, u.a. „Ich, Franz Josef", „Ich, Franz Josef und die anderen", „Franz Josef I.", „Helmut Kohl – mein Doppelgänger", „Der total perfekte Tennisspieler", gemeinsam mit Caroline Reiber „Wir Baiern sind ja gar nicht so".

Wilhelm Hartung, geb. 1919 in Cuxhaven. Zeichner in Reinbek bei Hamburg. „Die Welt", „Deutsche Verkehrs-Zeitung", „HÖR ZU", „Funkuhr". Buchillustrationen.

Ernst Heidemann, geb. 1930 in Witten/Ruhr. Karikaturist in Weilrod/Taunus. „Frankfurter Neue Presse", „Die Neue Ärztliche" u.a. Buchillustrationen.

Herbert Heyne, geb. 1913 im Vogtland, Kunstschule in Plauen. Lebte nach dem Krieg bei Frankfurt und zeichnete politische Karikaturen für die Abendpost/Nachtausgabe. † 1982.

LUFF (Rolf Henn), geb. 1956 in Idar-Oberstein. Wohnt in Hennweiler im Hunsrück. Veröffentlicht derzeit in 10 deutschen Tageszeitungen.

Wolfgang Hicks, geb. 1909 in Hamburg. Arbeitete als politischer Karikaturist in Bonn („Die Welt"). Verschiedene Buchveröffentlichungen und Buchillustrationen. † 1983.

Ironimus (Gustav Peichl), geb. 1928, Architekt und seit 1955 politischer Karikaturist, zeichnet für „Die Presse" (Wien) und die „Süddeutsche Zeitung". Buchveröffentlichungen u.a. „Helden", „Julius". „Made in Austria", „Die sechziger Jahre" (1970).

Hanns Erich Köhler, geb. 1905 in Tetschen/Sudetenland. Prof. der ehemaligen Deutschen Kunstakademie in Prag. Lebte als Grafiker und Pressezeichner in Herrsching/Ammersee. „Die Zeit", „Frankfurter Allgemeine Zeitung", „Nürnberger Nachrichten", „Simplicissimus" (alt und neu). Zahlreiche Veröffentlichungen, so z.B.: „Wer hätte das von uns gedacht", 3. Aufl. (1961), „Dabei sein ist alles" (1960), „Die Lage der Nation" (1974), „Gezeichnete Zeitgenossen" (1975). † 1983.

Herbert Kolfhaus, geb. 1916 in Frankfurt/Main. Lebte als politischer Karikaturist in München. „Bayernkurier", „Nürnberger Zeitung", „Südkurier", „Fuldaer Zeitung", „Deutsche Tagespost". Mehrere Buchveröffentlichungen. † 1987.

Ernst Maria Lang, geb. 1916 in Oberammergau. Architekt und politischer Zeichner in München. „Süddeutsche Zeitung", „Bayerisches Fernsehen", Leiter der Gewerbeschule für Bau- und Kunsthandwerk in München, Träger des Theodor-Wolff-Preises für Karikatur. Zahlreiche Buchveröffentlichungen, darunter: „Politische Drehbühne" (1949), „Die Gezeichneten" (1971), „Von E. M. Lang durchschaut" (1981), mit Eckart Hachfeld „Von Beethoven bis Beckenbauer – Amadeus' Weltgeschichte, Bd. III" (1988).

Peter Leger, geb. 1924 in Brünn. Lebte bei Hannover. Karikaturen in: „Hannoversche Allgemeine Zeitung", „Süddeutsche Zeitung", „Vorwärts", Gewerkschaftsorgane. Buchveröffentlichungen. † 1991.

Ranan R. Lurie, geb. 1932 in Israel. Heute USA. Seine Arbeiten haben weltweit Verbreitung: 400 Zeitungen in 45 Ländern.

Markus (Jörg Mark-Ingraban von Morgen), geb. 1928. Gebrauchsgrafiker und Karikaturist, von 1960–1968 Werbefachmann, seit 1968 Karikaturist beim „stern".

Fritz Meinhard, geb. 1910 in Frauenberg/Böhmen. Architekturstudium, Akademie der Bildenden Künste in Prag. Maler und politischer Karikaturist in Stuttgart. Zeichnet für die „Stuttgarter Zeitung" u. a. verschiedene Buchveröffentlichungen.

Henry Meyer-Brockmann, geb. 1922 bei Hannover. Kunstgewerbeschule in Hannover. Zog 1934 zu Fuß nach München, um sich Olaf Gulbransson vorzustellen. Akademie der Künste, München. Zeichnete nach dem Krieg für den „Simplicissimus", die „Süddeutsche Zeitung" und die „Abendzeitung". Bücher: „Satiren". „Das deutsche Wunder". † 1968.

Basil Mitropoulos (BAS), geb. 1936 in Athen. Grafiker in Athen, seit 1963 auch Karikaturist. Mitarbeiter von „Eleftheria", „Akropolis", „Ekeftheros Typos" und „Tachydromos". Seit 1970 auch international: „Aftenposten" (Norwegen), „La Suisse" (Schweiz), „Die Presse" (Österreich), „Hufvudstadsbladet" (Finnland) und „Frankfurter Allgemeine Zeitung".

Burkhard Mohr, geb. 1959 in Köln. Karikaturist, Maler und Schmied in Bonn. „General-Anzeiger", Bonn, „Frankfurter Allgemeine Zeitung", „Das Parlament", „Behörden-Spiegel" u. a.

Eckart Munz, geb. 1921 in Reutlingen. Arbeitete als Karikaturist und Grafiker in Stuttgart. „Stuttgarter Nachrichten". Verschiedene Buchveröffentlichungen. † 1988.

Felix Mussil, geb. 1921 in Berlin. Karikaturist seit 1948. Lebt in Frankfurt/Main. Zeichnet seit 1955 für die „Frankfurter Rundschau".

Manfred Oesterle, geb. 1928. Erste Karikaturen 1948 bis 1951 für „Das Wespennest" und 1952 bis 1955 für „Nebelspalter". 1956 bis 1967 Mitarbeiter des „Simplicissimus", „Süddeutsche Zeitung", „Die Zeit". Buchveröffentlichungen: „Spain in three days" (1959), „Zwischen Scherz und Schock".

Klaus Pielert, geb. 1922 in Essen. Karikaturist in Düsseldorf für „Westdeutsche Allgemeine Zeitung", „Handelsblatt", „Kölner Stadtanzeiger", „Neue Ruhrzeitung", „Der Spiegel". Erhielt 1967 den Theodor-Wolff-Preis für Karikatur.

Josef Partykiewicz, geb. in Lemberg, Maler und Grafiker in Rösrath bei Köln. Politische Karikaturen in „Rheinischer Merkur", „Kölnische Rundschau", „Schwäbische Zeitung", „Die Welt", „HÖR ZU", „Trend" u. a. Buchveröffentlichungen.

Josef Sauer (1893 – 1967), Mitarbeiter des „Simplicissimus" von 1953 bis 1967.

Rudolf Schöpper, geb. 1922 in Dortmund. Lebt als politischer Karikaturist in Münster und arbeitet für „Westfälische Nachrichten", „Westfalenblatt".

Wolfgang Sieling, geb. 1934 in Gelsenkirchen, lebt als Cartoonist bei Wiesbaden.

Tim, französischer Karikaturist und Mitarbeiter des „L'Express".

Jürgen Tomicek, geb. 1957 in Kempten/Allgäu. Polizeibeamter in Werl/Westfalen. Werbegrafiker, Buchillustrator und politischer Karikaturist. Veröffentlichungen in zahlreichen Tageszeitungen.

Peter Weber zeichnete in den 70er Jahren für die Westdeutsche Allgemeine Zeitung, Essen, weitere Angaben nicht bekannt.

Fritz Wolf, geb. 1918 in Mülheim/Ruhr. Karikaturist in Osnabrück. „Neue Osnabrücker Zeitung", „stern", „Brigitte", „Trierischer Volksfreund". Mehrere Buchveröffentlichungen, zuletzt „Bilder aus der Provinz" (1985).

Jupp Wolter, geb. 1917 in Bonn. Lebt in Lohmar. Zeichnungen in „Welt der Arbeit", „Deutsches Allgemeines Sonntagsblatt", „Stuttgarter Nachrichten". „Der Spiegel" und ca. 40 weitere Zeitungen. Mehrere Buchveröffentlichungen.

Der Herausgeber

Helmut G. Schmidt, geb. 1940 in Weiden/Oberpfalz, Redakteur bei Tageszeitungen und Magazinen, ab 1971 Öffentlichkeits- und Pressedienst für den SPD-Vorstand in Bonn. Seit 1977 Chefredakteur der SPD-Pressedienste. Veranstalter von zeitgeschichtlichen Ausstellungen. 1988: Hrsg. „Kopfgeld – 40 Jahre Deutsche Mark" (Lamuv-Verlag).

Der Autor der Texte

Lothar Schwartz, geb. 1928 in Sembach/Pfalz, Studium Germanistik/Theaterwissenschaften an der Johannes-Gutenberg-Universität Mainz, Redakteur und Korrespondent bei Agenturen, Tageszeitungen und Rundfunkanstalten, ab 1963 beim SPD-Vorstand in Bonn, Referatsleiter Funk, Fernsehen und Film, von 1973 Pressesprecher der SPD, 1981 bis 1991 Pressechef beim Auslandsrundfunk Deutsche Welle in Köln.